RECHERCHES

SUR

LA GÉOGRAPHIE COMPARÉE

DE LA MAURÉTANIE TINGITANE.

RECHERCHES

SUR

LA GÉOGRAPHIE COMPARÉE

DE LA MAURÉTANIE TINGITANE,

PAR M. TISSOT,

MINISTRE PLÉNIPOTENTIAIRE DE FRANCE AU MAROC.

EXTRAIT DES MÉMOIRES PRÉSENTÉS PAR DIVERS SAVANTS

À L'ACADÉMIE DES INSCRIPTIONS ET BELLES-LETTRES.

1ᵉ série, t. IX

PARIS.

IMPRIMERIE NATIONALE.

M DCCC LXXVII.

RECHERCHES

SUR

LA GÉOGRAPHIE COMPARÉE

DE LA MAURÉTANIE TINGITANE [1],

PREMIÈRE PARTIE.

LE LITTORAL MAURÉTANIEN.

CHAPITRE PREMIER.

LA CÔTE MAURÉTANIENNE DE L'EMBOUCHURE DE LA MALVA JUSQU'À TINGIS.

Nous ne connaissons guère que le littoral de la région montagneuse qui forme la pointe nord-est de la grande péninsule africaine, et l'antiquité ne paraît pas avoir eu des notions beaucoup plus étendues sur cette partie de la Maurétanie Tingitane. Ces notions mêmes semblent dater d'une époque relativement récente. Ni les grandes métropoles phéniciennes, ni Carthage elle-même n'avaient jugé utile de fonder sur cette côte les comptoirs qu'elles avaient multipliés sur la côte occidentale. De l'embouchure de la Malva jusqu'aux Colonnes d'Hercule nous ne trouvons qu'une seule colonie phénicienne, Rusaddir, placée au seuil de cette mystérieuse région ; tous les

---

[1] Voy. la carte générale, pl. I, pour tout le travail.

autres noms de localités que nous ont conservés les textes antiques sont ou libyens ou romains. Ce n'est qu'à l'époque romaine, en effet, que l'on commence à recueillir quelques informations sur la partie du littoral maurétanien que baignait la Méditerranée. On peut suivre jusqu'à un certain point le progrès de ces connaissances qui coïncide avec le développement de la colonisation romaine. Avant l'année 42, date de l'annexion de la Tingitane à l'Empire, les renseignements précis font défaut. Strabon parle vaguement de villes nombreuses qui peuplaient le littoral métagonitique, mais il n'en nomme aucune[1]. Un demi-siècle plus tard, et lorsque, depuis plusieurs années déjà, l'ancien royaume de Bocchus était devenu une province romaine, Pline ne cite encore, entre Abyla et Rusaddir, que deux noms indigènes, la ville et le fleuve de Tamuda et le fleuve Laud[2]. La côte méditerranéenne ne commence à être connue qu'au siècle des Antonins. Ptolémée y place un certain nombre de positions : la Pointe d'Apollon, Iagath, l'embouchure du fleuve Thaluda, le Promontoire de l'Olivier sauvage, Acrath, Tænia Longa, la pointe Sestiaria; mais de Tænia Longa à ce dernier cap, c'est-à-dire dans toute la partie du Metagonium qui correspond au Rif, le géographe d'Alexandrie ne cite aucune localité. Il y a encore là une lacune dans les informations déjà plus abondantes qu'avait pu recueillir Ptolémée. Cette lacune n'est comblée que par l'*Itinéraire d'Antonin*, c'est-à-dire par un des derniers documents de l'époque romaine, et encore le portulan impérial procède-t-il, dans sa nomenclature, comme le font nos cartes modernes : il ignore les noms indigènes et les remplace par des appellations ou des périphrases purement latines : Ad tres

---

[1] XVII, iii, 6 : « . . . . Εἰσπλεύσαντι δ' ἑξῆς πόλεις τε καὶ ποταμοὶ πλείους μέχρι Μολοχὰθ ποταμοῦ. » — [2] *Hist. nat.* V, 2.

Insulas, Ad sex Insulas, Promontorium, Promontorium Cannarum, Promontorium Barbari, Ad Aquilam majorem, Ad
Aquilam minorem.

En somme, on avait fini, dans les derniers temps de la domination romaine, par explorer complétement la côte septentrionale de la Tingitane, comme nous venons de le faire nousmêmes à une date assez récente[1]. On en longeait les rivages,
on y touchait même, ce que nous ne pouvons plus, ou ce que
nous ne pouvons pas encore faire impunément aujourd'hui.
Au fond, alors comme aujourd'hui, on l'avait *reconnue* plutôt
qu'on ne la connaissait, et l'intérieur était resté aussi fermé,
aussi inaccessible aux explorations qu'il l'est encore de nos
jours.

Les renseignements que nous ont légués Ptolémée et l'*Itinéraire* sont d'autant plus précieux pour l'étude de cette région
méditerranéenne que les distances, par une rare fortune, y
sont, en général, plus soigneusement indiquées. Abstraction
faite de l'erreur fondamentale qui les entache, les notations
de Ptolémée donnent, jusqu'à Tænia Longa, des distances
proportionnelles remarquablement justes. Quant aux indications numériques de l'*Itinéraire,* à trois ou quatre exceptions
près, dont deux s'expliquent encore par des erreurs de copiste,
elles sont d'une exactitude presque mathématique. L'analyse
à laquelle nous allons procéder le démontrera, comme elle
fera définitivement justice, — nous l'espérons du moins, —
des fausses synonymies accumulées jusqu'ici par une méthode
qui ne tenait pas un compte suffisant de ces mêmes indications.

---

[1] La côte du Rif n'est réellement connue, au point de vue hydrographique, que depuis la mission remplie, en 1855, par MM. Vincendon-Dumoulin et Ph. de Kerhallet. Les résultats de cette exploration ont été consignés dans l'ouvrage intitulé *Description nautique de la côte nord du Maroc,* Paris, 1857.

§ I⁻ʳ.

DE LA MALVA AU DÉTROIT. — LIMITE ORIENTALE DE LA TINGITANE. — LE LITTORAL DU METAGONIUM.

MVLVCHA,
Μολοχάθ;
MALVANA, MALVA,
Μαλούα, Molouïa.

Tous les documents antiques s'accordent à donner un grand cours d'eau pour limite aux deux Maurétanies. Le fleuve Mulucha, au témoignage de Salluste, séparait le royaume de Bocchus de celui de Jugurtha[1]. D'après Strabon, qui lui donne le nom de Molochath, ce même fleuve formait la frontière des Maurusii et des Massæsylii[2]. La même indication se retrouve dans Méla[3] et dans Pline[4]. Ptolémée, d'autre part, donne le nom de Μαλούα au cours d'eau qui séparait la Mauretania Tingitana de la Mauretania Cæsariensis[5], et c'est aussi à la Malva que l'*Itinéraire d'Antonin* place la frontière des deux provinces : « Malva flumen dirimit Mauretanias duas[6]. »

Pline et Ptolémée considèrent d'ailleurs la Malva, ou Malvana, et la Mulucha, ou Molochath, comme deux cours d'eau distincts. Le premier de ces deux auteurs qualifie la Malvana de fleuve navigable et semble la placer, d'après l'ordre dans lequel il énumère les principales localités de la côte septentrionale, à l'ouest de la Mulucha[7]. Ptolémée l'indique au contraire à l'est de ce dernier fleuve[8].

Ces données contradictoires suffiraient à rendre suspecte

---

[1] *Bell. Jugurtha*, ch. xcvii : « Flumen Muluchæ quod Jugurthæ Bocchique regnum disjungebat. »

[2] XVII, iii, 6 : « Μετὰ τὴν τῶν Μαυρουσίων γῆν ἡ τῶν Μασσασσυλίων ἐσ7ίν, ἀπὸ τοῦ Μολοχὰθ ϖοταμοῦ τὴν ἀρχὴν λαμϐανοῦσα. »

[3] I, 5 : « Mulucha amnis, nunc gentium, olim regnorum quoque terminus Bocchi Jugurthæque. »

[4] V, i (ii), 19 : Amnis Mulucha, Bocchi Massæsylorumque finis. »

[5] IV, i.

[6] Wessel, p. 11.

[7] V, i (ii), 18 : « Rusadir oppidum et portus ; Malvana, fluvius navigabilis... ; amnis Mulucha..... »

[8] IV, i :
Μολοχὰθ ϖοταμοῦ ἐκϐολαί... ι̅ζ̅δ. λ̅δ. ∠′δ.
Μαλούα ϖοταμοῦ ἐκϐολαί ... ι̅α̅ς′.λ̅δ. ∠′γ.

la distinction que Pline et Ptolémée établissent entre la Mulucha et la Malva. D'autres raisons nous déterminent à la rejeter et justifient l'opinion, d'ailleurs généralement admise, qui identifie la Malva et la Mulucha à un seul et même cours d'eau, la Molouïa.

Au point de vue purement géographique, l'existence de deux fleuves dans la même région est démentie par les données précises que nous possédons aujourd'hui sur cette partie du Maroc si voisine de nos possessions algériennes. Entre la Molouïa et la Tafna, — c'est-à-dire dans un rayon beaucoup plus étendu que celui dans lequel deux synonymies certaines, celles de Rusaddir (*Melilla*) et de Ad Fratres (*Djemâa Ghazaouat*) renferment nécessairement la discussion, — il n'existe qu'un seul cours d'eau, l'Oued Adjeroud ou Oued el-Kis, rivière insignifiante qui se jette dans le golfe formé par le cap d'El-Agua et le cap Milonia, à 11 milles romains (16 kilomètres et demi) de l'embouchure de la Molouïa et à 19 milles (28 kilomètres) de Djemâa Ghazaouat.

Si nous acceptons les renseignements de Pline, la Malvana ou Malva, fleuve navigable indiqué à l'est de Rusaddir et à l'ouest de la Mulucha, ne peut être que la Molouïa, le seul cours d'eau auquel convienne l'épithète de *navigabilis*. La Mulucha devient alors l'Oued Adjeroud, — ruisseau qui n'a jamais pu jouer le rôle de frontière, — à moins qu'on ne préfère admettre que Pline, par une erreur moins pardonnable encore, ait confondu la Mulucha avec le Chylemath de Ptolémée (Χυλημάθ ou Χυλιμάθ, l'Oued Chélif) situé bien au delà de la frontière des deux Maurétanies[1].

---

[1] C'est ce que semble indiquer, du reste, l'ordre dans lequel sont énumérées les différentes localités : « . . . Malvana, fluvius navigabilis. Siga oppidum, ... alterius jam Mauretaniæ. . . Ab ea Portus magnus . . . . . Amnis Mulucha. »

Si l'on s'en rapporte, d'autre part, aux indications de Ptolémée, la Molochath, placée entre Rusaddir et la Malva, ne
peut être que la Molouïa ; et la Malva, limite des deux Maurétanies d'après Ptolémée, s'identifie à l'Oued Adjeroud. Comment
justifier alors l'épithète de « navigable » donnée par Pline à la
Malva ? Comment expliquer encore le rôle de fleuve-frontière
attribué par Ptolémée à l'Oued Adjeroud ?

Les indications de Pline et de Ptolémée, comme on le voit,
se détruisent l'une par l'autre. Inconciliables entre elles, elles
sont invraisemblables en elles-mêmes.

L'hypothèse qui fait de la Malva et de la Mulucha deux
fleuves distincts n'est guère plus soutenable au point de vue
historique. En l'acceptant, on est obligé d'admettre que la
frontière des deux Maurétanies a varié. Pour Pline, en effet,
comme pour tous les écrivains antérieurs, cette frontière est
la Mulucha ; pour Ptolémée, comme pour le rédacteur de l'*Itinéraire d'Antonin,* c'est la Malva. Or rien n'autorise à supposer que cette frontière se soit déplacée ; nous savons au contraire, par le témoignage de Pline lui-même, que l'ancienne
limite des royaumes de Bocchus et de Jugurtha subsistait encore de son temps, c'est-à-dire postérieurement à l'annexion
de la Tingitane.

Il n'existe d'ailleurs dans toute cette région, nous l'avons
déjà dit, qu'un seul cours d'eau assez important pour avoir
pu servir de limite politique. Ce fleuve, c'est la Molouïa, qui
séparait encore, en 1830, le Maroc de la Régence d'Alger
comme elle avait séparé au moyen âge le royaume de Fez de
celui de Tlemcen, ou, pour emprunter les expressions plus
générales dont se sert Ibn Khaldoun, le Maghreb central,
équivalent de la Mauretania Cæsariensis, du Maghreb el-Aksa
qui représente la Tingitane. Il y a là, on le voit, une sorte de

tradition ininterrompue, une limite indiquée par la force des choses, consacrée à toutes les époques. Cette limite n'a pas plus varié dans l'antiquité qu'au moyen âge, arabe ou berbère, et qu'à l'époque moderne.

On ne peut donc pas plus mettre en doute l'identité de la Molouïa et de la Malva que celle de la Malva et de la Mulucha. Ces différents noms, au surplus, ne semblent être que les transformations successives d'un nom primitif aussi facile à retrouver dans la forme actuelle que dans les deux formes antiques. La variante la plus ancienne, Mulucha ou Molochath, est peut-être une altération phénicienne du nom primitif qui aurait reparu plus tard[1]; elle figure seule dans les documents antérieurs à l'annexion de la Tingitane, de même que le nom de Malva est exclusivement employé dans les documents romains les plus récents. Les deux formes paraissent avoir coexisté de l'année 42 jusqu'au siècle des Antonins, et cette double nomenclature est l'origine évidente de l'erreur commise par le géographe d'Alexandrie et par le grand encyclopédiste romain. On venait de constater, à cette époque, l'existence d'un cours d'eau dans le voisinage du fleuve-frontière : Pline et Ptolémée ont utilisé, pour désigner cette nouvelle acquisition de la géographie romaine, l'un, le plus récent des deux noms du fleuve, l'autre, le plus ancien[2].

---

[1] L'étymologie proposée par Schröder, מְלוּחַת *flumen salsum*, est peu vraisemblable : les eaux de la Molouïa ne sont ni salées ni saumâtres comme celles de tant d'autres cours d'eau auxquels la nomenclature indigène ne manque jamais de donner le nom caractéristique d'Oued Melah. Tout au contraire, d'après les renseignements qui nous ont été fournis par un pêcheur du Rif, le courant de la Molouïa est si rapide que « l'eau conserve sa douceur jusque fort avant dans la mer ». L'aspiration forte qui commence la dernière syllabe du mot *muluchath* nous parait être, comme la désinence *ath* (pour *a*), une double altération, conforme d'ailleurs au génie de la langue punique, de la forme indigène *Mouloua, Mloua*, qui n'est probablement elle-même qu'une onomatopée.

[2] Nous raisonnons, bien entendu, en ce

Mannert ne s'est pas arrêté à cette explication si naturelle :
il a commis lui-même une erreur qu'il n'est pas inutile de relever, en affirmant que la double indication de Ptolémée, fausse
pour ce qui regarde la côte où l'on ne trouve que l'embouchure
d'une seule rivière, la Molouïa, est exacte dans l'intérieur, où
le cours de ce fleuve se partage en deux branches dont l'une,
celle de l'ouest, porte le nom de Mulul, et l'autre, celui de
Mulucan. Mannert n'indique pas la source à laquelle il a puisé
ces renseignements, mais il est évident qu'il les a empruntés
à Marmol. L'écrivain espagnol, en effet, donne pour limite
occidentale à la province de Garet : « la rivière de Melule qui,
descendant du grand Atlas entre Tezar et Dubudu, se va
rendre dans celle de Mulucan [1]. » Il ajoute, au chapitre xcviii,
que la rivière de Mulucan « est celle que Ptolémée nomme Mo-
locat ».

Mannert a été la victime de la fausse érudition de Marmol.
Le livre de cet auteur n'est, pour toute la partie géographique,
qu'un plagiat de la *Description de l'Afrique* de Jean Léon, compliqué, toutes les fois que l'occasion s'en présente, d'emprunts
plus ou moins heureux faits à l'ouvrage de Ptolémée. Léon
l'Africain indique bien le Mouloul ou Mloullou comme un
affluent de la Molouïa [2], mais il conserve à ce dernier cours

qui concerne Pline, dans l'hypothèse où
la position qu'il attribue à la Mulucha s'expliquerait par une simple erreur dans l'ordre
d'énumération des localités de la côte septentrionale. Notre remarque ne serait plus
applicable au géographe romain s'il a réellement identifié la Mulucha au Chélif :
nous nous trouverions alors en présence
d'une erreur d'autant moins explicable que
Pline reconnaît lui-même que Siga, à l'est
de laquelle il place la Mulucha, fait déjà

partie de la Maurétanie Cæsarienne : « Alterius jam Mauretaniæ. »

[1] *L'Afrique* de Marmol, traduction de
Perrot d'Ablancourt, t. II, sec. IV, chapitre xcvi.

[2] *Descript. Africæ*, p. 735 : « Mulullus
flumen ex Atlante inter limites Mezae ac
Dubdubu scaturiens, per planitiem Ter-
restam et Tafratam asperas ac steriles fluit,
deinde in Muluam fluvium se exonerat. »
Le Mulullus porte aujourd'hui sur nos

d'eau le nom qu'il porte encore et que l'on rencontre déjà dans le livre d'El-Bekri. Ni Léon ni aucun auteur arabe ne donnent à la Molouïa ou à l'un de ses affluents le nom de Mulucan : Marmol s'est autorisé de Ptolémée pour le forger.

Pour en finir avec les erreurs commises à propos de la Molouïa, et puisque nous avons été amené à citer les géographes arabes, nous ferons remarquer qu'Édrisi, qui indique exactement l'embouchure de la Molouïa entre Mlila et Tafarguenit, ne lui donne pas son nom; il la désigne par une périphrase, « la rivière qui vient d'Aguercif, » ce qui suffit d'ailleurs pour caractériser la Molouïa puisque nous savons par Abou Obeïd el-Bekri que Guercif ou Aguercif était situé sur ce fleuve. Édrisi réserve le nom de Molouïa au cours d'eau qui débouche beaucoup plus à l'est en face de l'île de Rachgoun et que nous appelons aujourd'hui la Tafna. Le principal affluent de la Tafna porte, du reste, le nom de Miloua, ce qui explique peut-être la méprise d'Édrisi.

Les trois îles que l'*Itinéraire d'Antonin* indique à douze milles de la Malva et à soixante-cinq de Rusaddir portent aujourd'hui le nom de Zafarines, corruption de celui de Dja'ferin qu'elles avaient reçu, à l'époque de la conquête arabe, de la tribu voisine des Beni Dja'fer [1]. L'île du centre est désignée par les indigènes sous le nom de *Hadjera Kebdana*, la Roche de Kebdana, également emprunté au district berbère dont le territoire

AD TRES INSVLAS, *Itin.* Îles Zafarines.

cartes le nom d'Oued Amlillou. Ce nom est berbère, et nous a peut-être conservé la forme libyenne du nom du fleuve maurétanien dont parle Pline au chapitre 1er du livre VIII : « In Mauretaniæ saltibus, ad quemdam amnem cui nomen est Amilo. »

[1] Le portulan de P. Visconte de Gênes (1318) porte Jafarim; la carte catalane de 1375, Jaffarim; celle de Jean d'Uzzano (1442), Jafarin. Ce nom s'altère de plus en plus dans les documents postérieurs qui écrivent Zafarinos, Chafarinas, Chafelines, Zapharines, Zaphran. El-Bekri donne aux *Djaferin* جزائر l'épithète d'*Îles de la Molouïa*.

s'étend en face du groupe des Zafarines. L'île la plus occidentale, qui est aussi la plus considérable, a reçu celui de Tenenfa.

Les *Trois Îles* offraient au navigateur un abri sûr. « Le mouillage des Zafarines, » disent les auteurs de la *Description nautique de la côte nord du Maroc*, « est le meilleur de toute la côte du Rif. Il offre une excellente tenue et avec les vents du nord-est, les plus redoutables dans ces parages, la mer est brisée par les terres sur un assez grand espace pour être généralement belle au sud du groupe. »

Les distances de l'*Itinéraire* sont inexactes : on ne compte que sept milles (10 kilomètres et demi) de l'embouchure de la Molouïa aux Zafarines, et la distance de ces îles à Melilla n'est que de quarante-cinq milles. Nous serions tentés d'expliquer le chiffre erroné LXV par une transposition des deux premières lettres, ce qui formerait alors le chiffre vrai XLV ; le chiffre XII peut être aussi une altération du chiffre VII dont le V peut si facilement se transformer en un X lorsque, sous une main négligente, les deux traits qui le composent se croisent au lieu de se rencontrer.

Μεταγώνιον, Strab. Μεταγωνίτης ἄκρον, Ptol. Cap de l'Agua (Ras Sidi Bachir).

En face des îles Zafarines le littoral présente une saillie remarquable à laquelle nos cartes conservent le nom espagnol de cap de l'Agua et que les indigènes appellent Ras Sidi Bachir, du nom du village qui le couronne. C'est là que doit se placer le Μεταγώνιον de Strabon qui est aussi le Μεταγωνίτης ἄκρον de Ptolémée, contrairement à l'hypothèse de Mannert, acceptée par M. C. Müller, qui identifie cette dernière pointe au cap des Trois-Fourches. Une autre opinion, non moins erronée, voit dans le cap Hone (*Ras Honaïn?*), situé à l'est de la Molouïa, l'équivalent du Μεταγωνίτης ἄκρον. On a quelque peine à comprendre que ces deux synonymies aient pu se produire en présence des données si formelles de Ptolémée et des indications tout aussi précises de Strabon.

« On donne le nom de Metagonium, dit Strabon après avoir parlé de la Molochath, à un grand promontoire voisin de ce fleuve, ainsi qu'à la contrée dépourvue d'eau et stérile qui l'entoure et dont les hauteurs forment le prolongement, presque ininterrompu, des montagnes de Cotès[1]. »

Ces détails topographiques désignent suffisamment le Ras Sidi Bachir qui se dessine immédiatement à l'ouest de la Molouïa et dont la pointe n'est qu'à six milles romains de l'embouchure de ce fleuve. C'est précisément à cette pointe, projetée par le massif montagneux de Kebdana, que vient expirer la grande chaîne du Rif dont le cap Spartel forme l'extrémité occidentale. Les épithètes de ἄνυδρος et de λυπρός, données par Strabon à la région voisine, ne sont pas moins caractéristiques : toute cette partie du Rif est exceptionnellement aride et stérile, et Léon l'Africain, en la décrivant, semble traduire le texte du géographe d'Amasée[2].

Les indications de Ptolémée, qui place le Μεταγωνίτης ἄκρον entre Rusaddir et l'embouchure de la Molochath, fournissent un témoignage non moins décisif en faveur de la synonymie que nous défendons. Mannert se tire d'embarras en accusant Ptolémée d'avoir placé par erreur Rusaddir à l'ouest du Metagonites promontorium.

Forbiger, qui identifie comme nous le Μεταγονίτης ἄκρον au promontoire formé par la côte entre l'embouchure de la

---

[1] XVII, III : « Καλεῖται δὲ καὶ ἄκρα μεγάλη πλησίον τοῦ ποταμοῦ καὶ Μεταγώνιον, τόπος ἄνυδρος καὶ λυπρὸς, σχεδὸν δέ τι καὶ τὸ ὄρος τὸ ἀπὸ τῶν Κώτεων μέχρι δεῦρο παρατείνει. »

[2] Descr. Afr. p. 452 : « In occidente jam dictis montibus terminatur, in oriente vero clauduntur flumine Mulvia... Asperi sunt atque aridi adeo ut hic nihil fere aquæ præterquam in flumine Mulvia reperias. »

Molouïa et Rusaddir, s'autorise du passage précité de Strabon et d'une indication assez vague de Scylax pour conclure à l'existence d'une ville maritime de Metagonium, qui aurait été située près du cap de ce nom[1]. Les textes invoqués par Forbiger ne justifient pas son allégation. Strabon parle d'une région, *τόπος*, appelée Metagonium, mais non d'une ville de ce nom. Quant à Scylax, il indique bien, à l'est d'Acra (Rachgoun), une grande ville avec un port, mais il ajoute qu'elle se nomme Acros, comme le golfe dans lequel elle est située[2], et M. Müller fait observer que ce nom d'Acros n'est que la traduction du nom phénicien de Rusaddir[3].

Ἄκρος πόλις καὶ
λιμήν, Scyl.
Ῥυσάδειρον, Ptol.
RVSADIR
Oppidum
et Portus, Plin.
RVSADDER
Colonia, It.
Melilla (Mlila).

Il est probable, en effet, que l'Ἄκρος πόλις καὶ λιμήν du Périple se retrouve dans le « Rusadir Oppidum et Portus » de Pline, le Ῥυσσάδειρον de Ptolémée, la Rusadder Colonia de l'*Itinéraire*, dont l'identité avec Melilla est hors de toute discussion. Les ports sont rares sur cette côte, et le λιμήν mentionné par Scylax aussi bien que l'épithète de μεγάλη qu'il donne à la ville ne permettent guère de douter que l'Acros, nommé à l'ouest de Sige et d'Acra, ne soit effectivement Rusaddir. Il est à remarquer, en outre, que ce port est le dernier que mentionne Scylax sur la côte septentrionale de la Maurétanie. D'Acros, il passe immédiatement à l'île déserte de Drinaupa, puis aux Colonnes d'Hercule[4]. Ce détail semble encore désigner Rusaddir : c'était de ce dernier comptoir phénicien que le navigateur, lorsqu'il n'était pas obligé de longer les

---

[1] Pauly, *Real encyclop.* t. IV, p. 1889.

[2] « . . . . . Κὴ πρὸ τοῦ ποταμοῦ νῆσος Ἄκρα, πόλις μεγάλη καὶ λιμὴν, Ἄκρος ἡ πόλις καὶ ὁ κόλπος ἐν αὐτῇ. »

[3] L'étymologie de ce nom telle que la donne Movers (*Die Phöniz.* II, p. 515), רֵשׁ אַדִּיר « la pointe élevée », justifie l'or-

thographe de l'*Itinéraire*, Rusaddir, Rusadder. Pline donne la forme moins correcte Rusadir.

[4] « . . . Ἄκρος ἡ πόλις καὶ ὁ κόλπος ἐν αὐτῇ, ἔρημος νῆσος Δρίναυπα ὄνομα, Ἡράκλειος στήλη ἡ ἐν Λιβύῃ . . . »

côtes du Metagonium, prenait la route du nord indiquée par la direction de la pointe Rusaddir, allait reconnaître Drinaupa, l'île encore déserte à laquelle nos cartes donnent le nom d'Alboran, et de là faisait voile droit à l'ouest pour donner dans le détroit de Gadès.

Δρίναυπα, Scyl.
Alboran.

Movers place Rusaddir dans le voisinage de Melilla[1]. Il n'est pas douteux que la ville moderne n'occupe l'emplacement même de la cité phénicienne. Comme la Mlila berbère, à laquelle a succédé le préside, Rusaddir était située sur une presqu'île rocheuse, assez basse, dominée à l'ouest par les hauteurs qui portaient l'acropole et qu'ont successivement couronnées depuis la citadelle d'Abd-er-Rahman-en-Nacer et le fort espagnol du Rosario. Le débarcadère, taillé dans le rocher même sur lequel la ville est assise, est peut-être une œuvre phénicienne, un *cothon*. Une anse, située dans le sud-ouest du fort, sert d'abri contre les vents d'est. Le mouillage est dans l'est de la place.

Le promontoire de Rusaddir, Promontorium Rusaddi de l'*Itinéraire*, exactement placé à quinze milles (22 kilomètres) au nord de la station précédente, est la grande pointe désignée par nos cartes sous le nom de cap des Trois-Fourches. El-Bekri l'appelle Tarf-Herek, appellation hybride dont le dernier composant n'est vraisemblablement que le mot espagnol *horca* arabisé.

PROMONTORIVM
RVSADDI, It.
Σεσliαρία ἄκρα,
Ptol.
Cap des Trois-
Fourches
(Ras Hourak).

Les habitants du Rif lui donnent aujourd'hui celui de Ras Hourak et la plupart de nos cartes celui de Ras ed-Dir[2].

Les notations de Ptolémée prouvent que c'est également au cap des Trois-Fourches qu'il faut identifier sa Σεσliαρία ἄκρα : il assigne à cette pointe la même longitude qu'à Rusaddir, ce qui est exact, et la place à quinze minutes plus au nord, dis-

[1] II, p. 515. — [2] Ce nom de Ras ed-Dir était inconnu aux pêcheurs du Rif qui nous ont fourni des renseignements sur la côte septentrionale.

tance qui, réduite du sixième, représente, à 935 mètres près, les quinze milles de l'*Itinéraire*. L'erreur commise par Mannert dans la détermination du Metagonites Promontorium l'oblige à reporter la Σησ7ιαρία ἄκρα au cap que l'*Itinéraire* indique à cinquante milles plus à l'ouest sous le nom de Promontorium Cannarum.

Préoccupé avant tout de la signification qu'il donne au mot Σησ7ιαρία, Movers semble admettre l'identité de cette pointe avec la station de l'*Itinéraire Ad sex Insulas*, située beaucoup plus à l'ouest encore[1]. La position véritable de Sestiaria Acra peut très-bien se concilier avec l'étymologie que propose Movers. Les trois principales saillies du cap des Trois-Fourches présentent six pointes bien distinctes : il est permis de supposer que ces six pointes, à l'époque phénicienne, étaient marquées par autant d'autels. Le fait est d'autant plus vraisemblable que le promontoire tout entier paraît avoir été consacré par une tradition religieuse : remarquable, entre toutes les saillies de la côte, par sa masse imposante et l'aspect étrange de ses falaises déchiquetées, le promontoire de Rusaddir avait dû inspirer aux premiers explorateurs phéniciens une crainte superstitieuse, une sorte d'« horreur divine », et devenir le théâtre d'un culte dont son nom même semble conserver le souvenir[2].

PROMONTORIVM CANNARVM, *It.* Pointe d'Abdoun (Ras Sidi Aïssa Onmats).

La position du Promontorium Cannarum nous est donnée par les synonymies certaines des deux points entre lesquels il

[1] II, p. 643 : Σησ7ιαρία ἄκρα. Ptolem. IV, 1, p. 251 (in Itinerario Antonini, p. 11 : « Ad sex Insulas »). Der Name ist wohl deutlich, nämlich « שֶׁשֶׁת, Die sechs Altäre. »

Nous supposons qu'il y a une erreur dans la citation hébraïque de Movers et qu'il a voulu écrire שֵׁשֶׁת אָרַיִם *Sesseth ardim* « les six autels ».

[2] « Adir, der Hohe, Erhabene, war ebenso, wie das gleichbedeutende Alon, im Phön. Gottesname, weswegen die Betyle auch Abadirer hiessen » (Movers, II, p. 516, 195).

se trouve placé : nous le retrouvons à la pointe d'Abdoun, le Ras Sidi Aïssa Oumats des indigènes, indiquée par nos cartes à trente milles d'Alhucemas (Sex Insulæ) et quarante-huit du cap des Trois-Fourches. La première de ces distances est précisément celle que marque l'*Itinéraire* entre le Promontorium Cannarum et Ad sex Insulas : l'autre se rapproche suffisamment du chiffre L indiqué par le routier romain entre le même promontoire et celui de Rusaddir.

La pointe d'Abdoun limite, à l'ouest, la baie de Sidi Guedih' à laquelle Édrisi donne le nom de Mersa Kert, « le port de Kert[1]. » Très-fréquenté au moyen âge, ce mouillage offre un refuge que l'*Itinéraire maritime* ne pouvait passer sous silence.

Par suite de ses précédentes méprises, Mannert reporte le Promontorium Cannarum au cap Quilates, situé à cinquante-six milles, en droite ligne, du cap des Trois-Fourches et à douze milles d'Alhucemas[2].

[1] C'est là que doit se placer, à notre avis, cette Mersa Kert dont la position n'avait pas été déterminée jusqu'ici. D'après des renseignements recueillis postérieurement à l'exploration de 1855 et dont M. le général Osmont, commandant la division d'Oran, a bien voulu me donner communication, l'Oued Kert, rivière considérable que nos cartes font déboucher dans l'anse d'Azanen, se jetterait, en réalité, beaucoup plus à l'ouest, dans la baie de Sidi Guedih', ce qui établirait l'identité de cette baie avec la Mersa Kert d'Édrisi.

D'après les pêcheurs de la côte du Rif le véritable nom de l'Oued Kert serait *Oued bou Kerd'* واد بو كرض. L'orthographe d'Édrisi est évidemment préférable.

[2] Nos cartes les plus récentes donnent le nom de cap Quilates à la pointe sud de la grande saillie qui limite, à l'est, la baie d'Alhucemas ; la pointe nord de cette même saillie (pointe Babazoun) est le cap Quilates des cartes antérieures. Édrisi désigne ce dernier promontoire sous le nom de Ras Tsaghlal, qui présente plusieurs variantes dans les manuscrits. La forme que nous donnons est la véritable forme berbère et a été judicieusement adoptée par MM. Dozy et de Goeje dans leur excellente édition d'Édrisi. Jaubert avait préféré la leçon vicieuse *ba'lan* (بعلان au lieu de ثغلال) qui a été reproduite par M. Renou dans sa *Description du Maroc*. — M. Renou identifie le Ras Ba'lan au cap des Trois-Fourches, bien qu'Édrisi place exactement le Ras Tsaghlal à douze milles d'El-Mzemma (Alhucemas).

AD SEX INSVLAS.
Baie d'Alhucemas
(El-Mzemma),

La station suivante, Ad sex Insulas, indiquée par l'*Itinéraire* à trente milles à l'ouest du Promontorium Cannarum, se retrouve au fond de la baie d'Alhucemas, près des îles du même nom. El-Bekri, Édrisi et Abou'lfeda font mention du même mouillage sous le nom de Mersa el-Mzemma, dont les anciens portulans et les cartes espagnoles ont fait successivement Mozema, El-Buzema et Alhucemas.

Le groupe des Alhucemas ne se compose que de trois îles dont la principale porte une forteresse espagnole bâtie au xvie siècle. Mais il existe trois autres îlots dans la même baie, à la pointe sud de l'anse Quemado. Les navigateurs romains ont évidemment réuni les deux groupes dans une appellation commune, Sex Insulæ, pour éviter toute confusion avec les Tres Insulæ situées sur la même côte, entre Rusaddir et l'embouchure de la Malva.

PROMONTORIVM, *It.*
Pointe Bosicou
(Ras Bouzkour).

Le Promontorium, que l'*Itinéraire* indique à douze milles à l'ouest des Sex Insulæ sans lui donner un nom particulier, ne peut être que la pointe de Bouzkour qui forme l'extrémité occidentale de la baie d'Alhucemas[1]. La distance donnée par le routier romain est trop forte et peut s'expliquer par une erreur semblable à celles que nous avons déjà constatées : il faut lire VII au lieu de XII. La nécessité de cette correction est démontrée par l'exactitude des distances suivantes.

PARIETINA, *It.*
Anse d'Alcala.

Parietina, station placée à vingt-cinq milles à l'ouest de la précédente, se retrouve, à pareille distance de la pointe de Bouzkour, dans l'anse d'Alcala. Assez profonde et bordée par une plage de sable qui limite une plaine étendue, l'anse d'Alcala

---

[1] Nos cartes l'appellent pointe Bosicou, corruption du véritable nom *Bouzkour* بوزكور, que nous trouvons dans Édrisi. La plupart des noms de localités de la côte du Rif ont été défigurés par les pilotes espagnols dont nos officiers ont dû accepter la nomenclature.

présente un débarquement facile. Le bourg de Badis, situé à peu de distance, a vraisemblablement succédé à la station romaine[1].

Parietina semble avoir acquis une certaine importance dans les derniers temps de l'Empire : l'anonyme de Ravenne, qui la place par erreur près de la Malva et dans le voisinage du Portus Sigensis, la qualifie de *civitas*[2].

Mannert n'a proposé aucune synonymie pour Parietina. Forbiger la passe également sous silence. Lapie place Parietina dans l'anse de Mostaza, c'est-à-dire beaucoup trop à l'ouest. La carte de l'Afrique ancienne dressée par M. Nau de Champlouis commet une erreur en sens inverse en l'identifiant au Peñon de Velez.

Cobucla, indiqué à vingt-quatre milles à l'ouest de Parietina, se retrouve dans l'anse des Pêcheurs, à l'ouest de la pointe du même nom, appelée par les indigènes *Ras el-Dje-be'ha*, راس الْجَبَيْهَة. L'anse des Pêcheurs (*Marsa Ouringa*, مرس وْرنكَة) où débouche une rivière assez importante, l'Oued Ouringa (Oued Ouaringa de nos cartes), offre une belle plage de sable, et le mouillage est à l'abri des vents d'est au sud-ouest par le sud.

COBVCLA, It.
Anse des Pêcheurs
(Marsa Ouringa).

A vingt-quatre milles de Cobucla, l'*Itinéraire* place Tænia Longa, citée sous le même nom par Ptolémée qui passe sous silence les quatre positions précédentes. Cette même distance nous conduit, de l'anse des Pêcheurs, à l'anse des Peupliers ou de Tighissa[3]. On peut y mouiller sur un fond de sable et

Ταινία Λόγγα,
Ptol.
TÆNIA LONGA, It.
Anse des Peupliers
(Mersa Tighissa).

---

[1] A l'ouest comme à l'est de l'anse de Bouzkour, la côte, formée de falaises très-accores, présente l'aspect d'une muraille rocheuse. Parietina devait peut-être son nom à cette particularité.

[2] Ravenn. Anonym. III, 11 : «Civitas Pareatina, quæ litus maris magni ponitur prope prædictum fluvium Malba, non longe a Portu Sigense. » La forme correcte Parietina est donnée au chapitre IV du livre V.

[3] Mannert et Lapie placent Tænia Longa

à petite distance du rivage. La plage qui borde, sur nos cartes, l'anse de Tighissa a pu former un isthme avant que les alluvions du petit fleuve qui y débouche ne l'eussent rattachée à la vallée : c'est ce que semble indiquer ce nom caractéristique de Tænia Longa.

De Tænia Longa à la station suivante, Ad Promontorium Barbari, l'*Itinéraire* compte vingt-quatre milles. C'est la distance qui sépare le mouillage de Tighissa de la pointe d'Adelaou. Ce nom d'Adelaou n'est qu'une corruption des deux mots *oued Laou* par lesquels les indigènes désignent le petit fleuve qui débouche dans l'anse située à l'est de cette pointe[1]. Assez profond à son embouchure pour porter des bâtiments d'un faible tonnage, l'Oued Laou sert de port aux bateaux qui viennent de Tétouan y charger les bois de construction que fournit en abondance cette partie du Rif.

Nous n'hésitons pas à retrouver dans le Laou le Flumen Laud « et ipsum navigiorum capax », que Pline indique entre deux autres fleuves navigables : le Tamuda, dont l'identité avec la rivière de Tétouan n'est pas douteuse, et la Malvana. Par une erreur cette fois très-excusable, puisqu'il ignorait l'existence de l'Oued Laou, Mannert avait identifié le Laud de Pline à l'Oued Nokour qui débouche dans la baie d'Alhucemas.

La station d'Ad Promontorium Barbari se trouvait au mouillage actuel, c'est-à-dire à l'embouchure même du fleuve.

Marginal notes (left column):

AD PROMONTORIVM BARBARI, *It.*
Anse Adelaou (embouchure de l'Oued Laou).
وَادَلُوٌ

Flumen LAVD, Plin.
Oued Laou.

Ὀλέαστρον ἄκρον, Ptol.
PROMONTORIVM BARBARI, *It.*
Pointe Adelaou (Ras Makked).
راس مَكَّد

Footnotes:

à Tagaza. Mannert écrit Fagasa, erreur qui se retrouve dans la *Description nautique de la côte nord du Maroc*. Ce nom de Tagaza paraît n'être lui-même qu'une corruption de la forme rifaine تِغِيسَة *Tighissa*. Édrisi écrit *Tikiças*.

[1] Un passage d'Abou Obeïd el-Bekri, où il est question d'un Oued Laou, grande rivière navigable traversant le territoire des Beni-Saïd, des Beni-Katiten et des Beni-Irouten, nous avait fait soupçonner la véritable forme du nom que nos cartes défigurent. Les informations que nous avons prises à Tétouan, auprès de plusieurs indigènes du Rif, ont confirmé nos suppositions. L'Oued Laou traverse effectivement les montagnes des Beni-Saïd et débouche dans l'anse Adelaou de nos cartes.

Quant au Promontorium Barbari lui-même, nous l'identifions
non pas avec le cap Mazari, comme l'ont fait Mannert, Lapie
et Forbiger, mais avec la pointe occidentale de l'anse de l'Oued
Laou. Cette pointe, appelée par les indigènes Ras Makked,
forme une saillie très-remarquable et constitue, en outre, sur
cette côte, le point de démarcation entre le pays maure, qui
s'étend à l'ouest, et la région purement *berbère* : nous ne dou-
tons pas que la dénomination antique du Promontorium Barbari n'ait fait allusion à cette limite traditionnelle de deux
races qui ne se sont jamais confondues.

C'est également à la pointe de l'Oued Laou que nous identifions l'Ὀλέαστρον ἄκρον de Ptolémée. La position d'Ἀκράθ,
que le même auteur indique entre ce promontoire et Tænia
Longa, se retrouve à la pointe Omara de nos cartes, le Ras
Kâa Asras des indigènes. Les distances proportionnelles données par Ptolémée, entre Tænia Longa, Acrath, Oleastron-
Acron et l'embouchure du Thaluda, ne laissent aucun doute
sur l'exactitude de ces synonymies.

*Ἀκράθ, Ptol.
Pointe Omara
(Ras Kâa Asras).*

Le Θαλοῦδα de Ptolémée est identique au Tamuda de
Pline [1] : c'est le fleuve navigable qui débouche dans la baie de
Tétouan, à six milles au-dessous de cette ville, et qui porte
aujourd'hui le nom d'Oued Martil ou Martin. El-Bekri lui
donne celui de Oued Ras ou d'Oued Medjekça. (Voy. pl. II.)

*Θαλοῦδα
ποταμοῦ ἐκβολαί,
Ptol.
Tamvda, Plin.
Oued Martil.*

Le nom libyen que nous a transmis Pline se retrouve encore aujourd'hui dans la langue berbère : *Tamda*, dans le
dialecte des Chleuh' de l'Atlas, a le sens d'« étang, marais ».
L'Oued Martil forme de vastes marécages à son embouchure
et c'est évidemment à cette particularité qu'il a dû son nom
primitif de Tamuda. La ville homonyme dont parle Pline, et

---

[1] V, 2 : « Flumen Tamuda navigabile, quondam et oppidum… »

qui n'existait déjà plus de son temps, devait être probablement située sur la hauteur où s'est élevée depuis Tétouan[1].

L'Itinéraire d'Antonin passe sous silence l'embouchure du
Tamuda et va directement d'Ad Promontorium Barbari à Ad
Aquilam majorem et à Ad Aquilam minorem. Ces deux stations, identiques aux positions d'Ἰαγάθ et de Φοίβου ἄκρα de
Ptolémée, se placent, d'après le calcul des distances, l'une au
sud du cap Negro, l'autre à la pointe de Castillejos. Mannert
et Lapie admettent cette dernière synonymie. Quant à la station d'Ad Aquilam majorem, Lapie la retrouve à Tétouan,
tandis que Mannert la place sur le littoral même, à l'embouchure de l'Oued Martil. Bien que plus vraisemblable que la
première, cette seconde hypothèse ne tient pas encore suffisamment compte des données numériques de l'*Itinéraire*. Les
noms d'Aquila major, Aquila minor, semblent désigner d'ailleurs deux saillies parallèles de la côte et l'on retrouve, en
effet, précisément aux distances indiquées, deux pointes dont
la plus méridionale, le cap Negro, est aussi de beaucoup la
plus considérable, ce qui justifie non-seulement les deux
épithètes, mais aussi la position respective assignée aux deux
saillies.

Le cap Negro, le cap « Mont » d'El-Bekri, est l'extrémité
d'une arête fort élevée, courant de l'ouest à l'est et perpendiculaire à la grande chaîne de l'Haouz, qui la projette, ainsi
qu'à la direction générale de la côte sur laquelle elle forme
une saillie très-prononcée. Un contre-fort s'en détache, au sud,
et se prolonge, en s'abaissant graduellement, jusqu'au mon-

TAMVDA
Oppidum, Plin.
Tétouan
(Titaouan).
AD AQVILAM
MAIOREM, It.
Ἰαγάθ, Ptol.
Cap Negro
(Ras et-Terf).
AD AQVILAM
MINOREM, It.
Φοίβου ἄκρα, Pt.
, Pointe
de Castillejos
(Ras el-Fnidek).

[1] Les marais de l'Oued Martil engen-
drent des fièvres dangereuses pendant
l'été. Tamuda ne pouvait être située que
sur le plateau assez élevé de Tétouan,
près des sources abondantes auxquelles la
ville berbère, qui a succédé à la ville libyenne, a emprunté son nom : *Titaouen*,
pluriel de *Tit*, a, en langue berbère, le
double sens du mot arabe *aïn*, *aïoun*, « œil,
source. »

ticule sablonneux de Dar Skiridj. Le mouillage d'Ad Aquilam majorem est représenté par l'angle abrité que forment le contre-fort dont nous venons de parler et la grande arête du cap Negro.

Iagath occupait sans doute l'extrémité du même contre-fort qui porte aujourd'hui le nom de Ras et-Terf.

Le mouillage d'Ad Aquilam minorem se retrouve dans des conditions analogues, au sud de la pointe de Castillejos, parallèle à l'arête du cap Negro, et en face de l'embouchure de l'Oued el-Fnidek, l'Oued el-Menaouel d'El-Bekri[1].

Nous avons déjà dit que cette même pointe de Castillejos nous paraissait répondre à la Φοίβου ἄκρα de Ptolémée.

L'Ἀβύλη σ7ήλη du même géographe est la pointe de la presqu'île de Ceuta. Quant à la station d'Ad Abilem de l'*Itinéraire*, elle se place, comme on le verra, au mouillage septentrional de la presqu'île, c'est-à-dire au port même de Ceuta. Mais, avant d'entrer dans la discussion de ces deux correspondances, il nous paraît nécessaire de bien établir la position d'Abyle, question qui se rattache d'ailleurs au problème que soulevait déjà dans l'antiquité la détermination des Colonnes d'Hercule.

§ II.

LES COLONNES D'HERCULE. — LA CÔTE SEPTENTRIONALE DEPUIS LES COLONNES JUSQU'À TINGIS.

Comme la plupart des localités consacrées par les récits des poëtes et les légendes fabuleuses des premiers âges, les Colonnes d'Hercule ont donné lieu à plus d'une hypothèse lorsque

---

[1] Ce nom de *Fnidek*, pluriel de *Fondouk*, فنذق, que les indigènes donnent aux ruines d'une forteresse arabe située à peu de distance de l'Oued el-Menaouel, a le même sens que le mot espagnol *Castillejos*.

la géographie historique et, à plus forte raison, la géographie positive ont cherché à fixer les vagues données de la légende. L'analyse des anciens Périples suffirait pour prouver qu'on était loin d'être d'accord sur le point où s'étaient arrêtées les expéditions du demi-dieu, alors même que Strabon n'aurait pas consacré toute une page aux diverses opinions qui s'étaient produites à ce sujet.

« Pour les uns, les Colonnes d'Hercule étaient le rocher de Calpe et le mont Abylyx qui s'élève en face sur le continent africain. Pour d'autres, c'étaient les deux petites îles voisines de ces deux monts et dont l'une, celle qui touchait à la côte espagnole, s'appelait l'île d'Hera. D'autres encore, transportant les Symplégades à l'extrême Occident, les identifiaient à ces pyles que Pindare avait appelées les *Portes Gadiriennes* et le terme de la course d'Hercule[1]. » Née des traditions religieuses qui se rapportaient à la fondation de Gadès, cette hypothèse était défendue par les Africains comme par les Espagnols. « Dicéarque, Ératosthène, Polybe et la plupart des Grecs, » ajoute Strabon, « la combattaient et reportaient les Colonnes au détroit. » Une dernière opinion, interprétant dans son sens propre le mot σῆλαι, retrouvait les Colonnes d'Hercule dans les colonnes d'airain, hautes de huit coudées, qui ornaient le temple du héros à Gadès. Posidonius considérait cette supposition comme la plus vraisemblable en faisant observer que ni les montagnes ni les îles qu'on identifiait aux Colonnes d'Hercule ne ressemblaient à des colonnes.

Tout en reconnaissant que l'objection de Posidonius ne manque pas d'une certaine justesse, ἔχει μέν τινα νοῦν, Strabon s'arrête à un moyen terme : il admet que, suivant une

---

[1] Strabon, III, 5.

très-ancienne coutume dont il prend la peine de citer quelques exemples, de véritables stèles ont pu marquer le terme de l'expédition d'Hercule, et suppose que ces monuments, en disparaissant dans la suite des siècles, ont légué leurs noms aux localités où ils s'élevaient. Il évite d'ailleurs de se prononcer sur la question de savoir si les stèles commémoratives couronnaient les deux îlots ou les hauteurs qui forment l'entrée du détroit. La discussion, toutefois, dans sa conviction, doit se renfermer dans ces limites déjà plus restreintes : il combat l'hypothèse qui prétendait retrouver les Colonnes d'Hercule à Gadès et rejette implicitement toutes celles qui les placent ailleurs qu'à ce point du détroit qui en est en même temps l'entrée ou la sortie suivant que le navigateur fait voile de l'est à l'ouest ou de l'occident au levant [1].

La réserve relative dans laquelle se renferme Strabon est justifiée par les divergences qui se produisent dans les documents antiques lorsqu'il s'agit de préciser le point qu'il laisse dans le vague. Strabon toutefois aurait pu se prononcer, sans trop se compromettre, contre l'hypothèse qui voyait dans les deux νησίδια du détroit l'emplacement des Colonnes d'Hercule, sinon ces colonnes mêmes. Les deux îlots ne justifient guère la phrase de notre auteur : « Τὰ οὖν ἐπὶ τῷ στόματι νησίδια, ἔχοντα τὸ εὐπερίγραφόν τε καὶ σημειῶδες, οὐ φαύλως στήλαις ἀπείκαξοί τις ἄν. » L'île d'Hera, qu'on retrouve peut-être au sud de la pointe Carnero, se détache à peine de la côte, et l'île africaine de Taoura, la « Isla del Peregil » des cartes espagnoles, se confond avec l'immense muraille rocheuse du Djebel Mouça qui la cache d'ailleurs à demi dans l'une de ses anfractuosités. Artémidore est presque excusable d'en avoir nié

---

[1] Τὸ δὲ στόμα πρὸς μὲν εἴσπλουν ἀρχή ἐστι, πρὸς δὲ ἔκπλουν ἔσχατον.

l'existence [1]. Dans tous les cas, cette négation même prouve que les deux îles ne formaient pas des points de repère aussi nets et aussi apparents, εὐπερίγραφόν τε καὶ σημειῶδες, que le suppose Strabon.

Le problème se pose donc dans des limites de plus en plus étroites : il ne s'agit plus que de savoir quelles sont celles des hauteurs formant l'entrée du détroit qui peuvent jouer le rôle de colonnes, et comme Calpe est isolée, la discussion ne porte, en dernière analyse, que sur la stèle libyenne. Est-elle représentée par le mont Acho, point culminant de la presqu'île de Ceuta? Faut-il la chercher dans les hauteurs, beaucoup plus élevées, qui dominent cette presqu'île?

Les deux opinions paraissent avoir eu leurs partisans. Pour Scylax, la colonne libyenne, Ἡράκλειος σ]ήλη ἡ ἐν Λιβύῃ, est évidemment le mont Acho : c'est ce que prouve la hauteur proportionnelle que le Périple assigne à ces deux points situés en face l'un de l'autre : ἡ μέν ἐν τῇ Λιβύῃ ταπεινή, ἡ δέ ἐν Εὐρώπῃ ὑψηλή. Le plus haut sommet de la montagne de Gibraltar s'élève à 1221 pieds anglais au-dessus du détroit. Le point culminant du mont Acho (192 mètres) n'atteint pas la moitié de cette hauteur et l'épithète de ταπεινή que lui donne Scylax est d'autant plus juste que ses pentes, bien moins abruptes que celles du rocher de Calpe, rendent plus sensible encore cette différence d'altitude.

Il semble que dans la pensée de Mela, au contraire, Abyla, la colonne libyenne, soit la haute montagne qui commande la presqu'île de Ceuta [2] : l'expression de *praealtus*, dont se sert le géographe latin, ne peut s'appliquer qu'au Djebel Mouça

---

[1] Strabon, III, 5 : « Ἀρτεμίδωρος δὲ τὴν μὲν τῆς Ἥρας νῆσον καὶ ἱερὸν λέγει αὐτῆς, ἄλλην δὲ οὐ φησιν εἶναί τινα..... »

[2] I, 5 : « Deinde est mons praealtus ei quem ex adverso Hispania attollit, objectus : hunc Abylam, illum Calpem vocant. »

qui s'élève à 856 mètres au-dessus du niveau de la mer et domine de beaucoup toutes les hauteurs environnantes.

C'est encore le Djebel Moüça que nous reconnaissons dans la description de Festus Avienus :

> . . . . . Scopuli stant ardui utrinque :
> Unus enim Europam, Libyam procul adspicit alter . . .
> Sic subeunt nubes, sic cœlum vertice fulcit
> Maura Abyla, et dorso consurgit Iberica Calpe[1].

Rien de plus exact que cette peinture : la cime du Djebel Mouça est presque constamment enveloppée de brouillards et les mots *dorso consurgit* représentent bien la puissante silhouette du roc de Gibraltar.

Le rôle que Pline assigne à Abyla dans la configuration du détroit[2] prouve qu'il attache également ce nom au massif du Djebel Mouça[3] : l'expression *coercent claustra* ne serait plus juste s'il s'agissait de la presqu'île de Ceuta; elle fait image, au contraire, pour qui a parcouru les montagnes abruptes qui forment la côte africaine et *resserrent* le détroit. Les hauteurs orientales du Djebel Mouça semblent également répondre à l'Abyle de Strabon[4]. S'il n'y a pas erreur dans le texte, en effet, et si l'on ne doit pas lire ὑποκείμενον au lieu de ὑπερκείμενον, la montagne que Strabon représente comme couverte de forêts, peuplée d'animaux sauvages, et qu'il place au-dessus des *Monuments des sept frères*, ne peut être que la chaîne à la-

---

[1] V. 106 sqq.

[2] III, 1 : « Proximis autem faucibus utrinque impositi montes coercent claustra : Abyla Africæ, Europæ Calpe laborum Herculis metæ. »

[3] Ou, plus exactement, aux montagnes qui forment les contre-forts orientaux du Djebel Mouça et dominent tout à la fois le détroit et la Méditerranée, c'est-à-dire aux Sept-Frères, dont il sera question plus loin.

[4] XVII, 3 : « . . . εἶτα τῶν ἐπτὰ Ἀδελφῶν μνήματα, καὶ τὸ ὑπερκείμενον ὄρος ὄνομα Ἀβίλη, πολύθηρον καὶ μεγαλόδενδρον. »

quelle Pline, d'après les témoignages de Strabon et de Mela, sans doute, donne le nom d'Abyla.

Tenus à plus de précision que les écrivains que nous venons de citer, les documents purement géographiques de l'époque postérieure reportent Abyla à la presqu'île de Ceuta, là même où l'avait déjà placée Scylax, et c'est définitivement à cette synonymie qu'il convient de s'arrêter. La position que

Ἀϐύλη σ1ήλη, Pt.
Mont Acho,
dans la presqu'île
de Ceuta.

Ptolémée assigne à l'Ἀϐύλη σ1ήλη, en dehors du détroit, ne permet pas de douter qu'il ne l'identifie au mont Acho. La distinction qu'il établit entre la colonne d'Abyla et la montagne des Sept-Frères, Ἐπ1άδελφοι ὄρος, achève de le prouver. L'*Itinéraire d'Antonin* reproduit la même distinction entre Ad Abilem et Ad Septem Fratres.

Ἐπ1άδελφοι ὄρος,
Ptol.
SEPTEM FRATRES.
Djebel
Belyounech.

Ces monts des Sept-Frères, *ob numerum septem, ob similitudinem Fratres nuncupati*, pour nous servir de l'élégante expression de Mela [1], sont précisément ces contre-forts du Djebel Mouça auxquels nous avons fait allusion et qui portent aujourd'hui le nom de Djebel Belyounech, dont les Espagnols ont fait Sierra de Bullones. Ainsi que le constatait déjà Pline, ils dominent le détroit et se rattachent à la presqu'île d'Abyla [2]. Le Djebel Belyounech forme en outre l'extrémité septentrionale de la grande chaîne méditerranéenne de l'Haouz, troisième détail caractéristique que rappelle également l'encyclopédiste romain lorsqu'il ajoute : « Ab his ora interni maris. »

Ἐλέφας, Strab.
Mont aux Singes
(Djebel Mouça).

L'Éléphant, cette haute montagne que Strabon place sur la rive africaine, au point où le détroit présente la plus petite largeur, ne peut être que le Djebel Mouça qui domine préci-

---

[1] 1, 5 : « Montes sunt alti, qui continenter et quasi de industria in ordinem expositi, ob numerum septem, ob similitudinem Fratres nuncupantur. »

[2] V, 1 : « In Abyla quoque monte, et quos Septem Fratres a simili altitudine appellant : ii freto imminent, juncti Abylæ. »

sément la partie la plus resserrée du détroit de Gibraltar et dont le profil accidenté, vu du sud-ouest, rappelle d'une manière assez frappante la silhouette d'un monstrueux éléphant : c'est à cette ressemblance que l'Ἐλέφας devait son nom plutôt qu'au grand nombre d'éléphants que nourrissaient ses gorges profondes[1]. Toute cette région, du reste, d'après les témoignages de l'antiquité, était couverte de forêts et peuplée d'animaux sauvages[2]. Nous savons par El-Bekri que le Djebel Belyounech et tout particulièrement le vallon de Mersa Mouça étaient au xie siècle le rendez-vous de chasse habituel des habitants de Ceuta. Le Djebel Mouça sert encore de refuge aujourd'hui à de nombreuses bandes de magots (*Pithecus Inuus*) qui lui ont valu le nom d'*Apes Hill* ou Mont aux Singes que lui donnent les cartes européennes.

Les détails qui précèdent nous permettent de préciser, pour chacune des indications géographiques que nous avons relevées dans les documents anciens, le point où doit se placer leur correspondance actuelle.

L'Ἡράκλειος στήλη ἡ ἐν Λιϐύη de Scylax et l'Ἀϐύλη στήλη de Ptolémée répondent au mont Acho, point culminant de la presqu'île de Ceuta.

La station de l'*Itinéraire* Ad Abilem se place à Ceuta même, sur la plage septentrionale de l'isthme qui rattache cette presqu'île aux Sept-Frères.

L'Abyla de Mela semble correspondre au Djebel Mouça qui est également l'Éléphant de Strabon.

Les Septem Fratres de Méla et de Pline, l'Ἀϐίλη ὄρος de Strabon, l'Ἐπ7άδελφοι ὄρος de Ptolémée sont représentés par

---

[1] Pline, V, 2. Cf. Isid. de Séville, *Orig.* XIV, 5 : « Olim etiam et elephantes plena fuit, quos sola nunc India parit. »

[2] Strab. *l. l.*; Pline, V, 2; Eustath. *Ad Dionys. Perieg.* v. 64.

la partie de la chaîne du Djebel Belyounech qui forme la pointe méridionale de l'entrée du détroit.

L'Ἄκρα Ἀβιλυκή que Scylax place à l'ouest de l'Ἡράκλειος στήλη doit représenter cette même pointe au-dessous de laquelle se place l'Ad Septem Fratres de l'*Itinéraire d'Antonin*.

Il y a désaccord, comme on le voit, dans la position assignée à la plupart de ces points. Ces divergences toutefois s'expliquent facilement par ce fait, que tel ou tel auteur a eu plus particulièrement en vue tel ou tel trait de l'ensemble de montagnes et de pointes qui forment l'entrée du détroit. Presque toujours, d'ailleurs, une indication caractéristique nous a permis de nous reconnaître au milieu de ces contradictions plus apparentes que réelles. Les déterminations précises auxquelles ces indications nous ont conduit nous permettent de reprendre utilement l'analyse de l'*Itinéraire*.

Le chiffre XIV, indiqué entre Ad Septem Fratres et la station précédente (Ad Abilem, Ceuta), est beaucoup trop fort : cette distance nous conduirait à Mersa Mouça, à l'ouest de l'île de Taoura, et bien au delà, par conséquent, du Djebel Belyounech, équivalent certain des Sept-Frères. La position que nous adoptons pour Ad Septem Fratres n'est pas seulement le corollaire de cette dernière synonymie : elle concorde en outre avec les distances proportionnelles indiquées par Ptolémée entre l'Ἐπ7άδελφοι ὄρος, Exilissa, l'embouchure du Oualon et Tingis. Ad Septem Fratres doit donc se retrouver exactement à quatre milles d'Ad Abilem (Ceuta), dans l'anse comprise entre les deux pointes Blanca et Bermeja que projette le Djebel Belyounech. Cette petite baie nous paraît être celle que l'*Itinéraire maritime* de Mohammed Ibn Youcef, cité par Bekri, désigne sous le nom de Mersa Dennîl.

Ἐπ7άδελφοι ὄρος, Ptol.
AD SEPTEM FRATRES, *It.*
Pointe Bermeja (Djebel Belyounech) et Mersa Dennîl.

La synonymie que nous venons d'établir ne nous permet pas d'admettre avec la plupart des commentateurs que Ceuta, la *Sebta* arabe, la Σεπ7όν ou *Septa* byzantine[1], ait succédé à la station d'Ad Septem Fratres. Cette opinion ne repose, au surplus, que sur l'hypothèse qui fait dériver le nom de Septa du mot *septem*[2], et, sans nous prononcer contre cette étymologie, nous ferons observer qu'elle peut très-bien se concilier avec la thèse que nous soutenons. On peut admettre, en effet, que le nom d'Abyla ait été remplacé, à l'époque du Bas-Empire, par celui d'Ad Fratres : le fait est d'autant plus vraisemblable que la station d'Ad Abilem se trouvait, en réalité, à distances à peu près égales d'Abyla et d'Ad Septem Fratres. Le Septiense Castellum qui défendait la presqu'île a donc pu emprunter son nom à la station d'Ad Septem Fratres, comme le mouillage d'Ad Abilem avait reçu le sien d'Abyla. Cette explication nous dispense de recourir soit à l'étymologie qui fait venir Septa ou Septem de Sœptum[3], soit à la tradition locale que nous avons recueillie à Ceuta même et d'après laquelle Sebta devait son nom aux sept collines au pied desquelles elle est bâtie, « por hallarse Ceuta en el centro de siete colinas. » La presqu'île de Ceuta, en effet, possède, elle aussi, ses Septem Fratres : vue du nord-est, la petite chaîne du mont Acho, ou Sierra d'Almina, offre la même succession de hauteurs égales que le Djebel Belyounech.

Abandonnée par les Vandales, la forteresse romaine de Sep-

Σεπ7όν, Proc.
Ceuta
(Sebta).

---

[1] Σεπ7όν, Procop. *De Ædif.* VI, 7. Septa, Isid. de Séville, *Orig.* XV, 1.

[2] Isid. de Séville, *loc. cit.* : « Septa oppidum a montibus septem. »

[3] On trouve déjà cette étymologie dans un géographe arabe du XII° siècle qui ne fait sans doute que reproduire une tradi-

tion très-ancienne : « Quant au nom de Septa, dit Édrisi, il lui fut donné parce qu'en effet elle est bâtie sur une presqu'île *close* par la mer de toutes parts, excepté du côté du couchant, de sorte qu'il ne reste à sec qu'un isthme de la largeur d'un jet de flèche. »

ton n'était plus qu'une ruine au vi[e] siècle. Procope s'étend assez longuement sur les travaux considérables·qu'y fit exécuter Justinien [1], et nous savons par El-Bekri qu'il existait encore au xie siècle des vestiges assez importants de la cité byzantine [2].

Sous le règne d'Héraclius, Sebta, comme Tanger, tomba aux mains des Goths. Le souvenir de son dernier gouverneur chrétien était encore vivant, dans cette contrée, au xie siècle : l'aqueduc qui portait à Sebta les eaux de l'Oued Aouïat passait pour l'œuvre d'Iliân, le comte Julien, et l'une des rivières qui se jettent dans le détroit, entre Sebta et Tanger, porte encore le nom d'Oued Liân, corruption de celui de Nehr Iliân, le fleuve de Julien, que lui donne El-Bekri.

L'*Itinéraire d'Antonin* indique soixante milles entre Ad Septem Fratres et Tingis. La distance n'est que de quarante milles en ligne droite, mais elle peut être évaluée à une soixantaine de milles en tenant compte des sinuosités de la côte.

Ptolémée nous donne deux positions intermédiaires : la ville d'Exilissa et l'embouchure du fleuve Valon. Pline nous en fait connaître une troisième, le Promontorium Album [3], que des renseignements espagnols plaçaient en face du bourg de Mellaria, au point où le détroit présente la moindre largeur.

Aucune synonymie n'a été proposée, que nous sachions,

PROMONTORIVM
ALBVM, Plin.
Pointe Blanca.

---

[1] *De Ædif.* VI, 7 : Ὁ δὲ καθ' ἡμᾶς βασιλεὺς Ἰουσ7ινιανος τείχει μὲν ἐρυμνὸν, φυλακτηρίῳ δ'ἰσχυρὸν κατεσ7ήσατο. Οὗ δὴ καὶ νεὼν ἀξιοθέατον τῇ Θεοτόκῳ ἀνέθηκεν, ἀναψάμενος μὲν ἐπ' αὐτῆς τὰ τῆς σολιτείας σροοίμια, σαντὶ δὲ ἀνθρώπων τῷ γένει ταύτῃ ἄμαχον τὸ φρούριον τοῦτο σοιούμενος.

[2] « Sebta, ville d'une haute antiquité, renferme plusieurs monuments du peuple ancien qui l'avait prise pour séjour, entre autres les ruines de quelques églises et des bains. »

[3] III, 1 . « Quindecim M. pass. in longitudinem quas diximus fauces Oceani patent, quinque M. in latitudinem, a vico Mellaria Hispaniæ ad Promontorium Africæ Album, auctore Turranio Gracili juxta genito. »

pour le Promontorium Album. Nous le retrouvons dans la
Pointe Blanca, remarquable par ses hautes falaises blanches
et dont le nom, du reste, traduit celui du promontoire antique.

C'est dans l'anse formée par cette pointe et la pointe Leona,
et qui, désignée sur nos cartes sous le nom d'Anse Benzus, a
reçu des indigènes celui de Mersa Belyounech, que devait être
située l'Exilissa de Ptolémée[1]. Les distances proportionnelles
indiquées entre cette position et celles qui précèdent ou qui
suivent se retrouvent exactement. La latitude donnée à Exilissa prouve, d'autre part, qu'elle était considérée par Ptolémée comme le point le plus septentrional de la côte, et les
deux pointes Blanca et Leona sont précisément, de toutes les
saillies du littoral, celles qui s'avancent le plus vers le nord.

L'anse de Belyounech offre d'ailleurs toutes les conditions
indispensables à l'existence d'un centre de population de
quelque importance : l'eau, assez rare sur toute cette côte, y
jaillit en abondance des contre-forts rocheux du Djebel Mouça;
le plateau qui s'étend entre ces contre-forts et le rivage présente de riches cultures[2]; abritée à l'est et à l'ouest, l'anse,
de forme semi-circulaire, offre un mouillage sûr et profond,
et l'on y pêchait, au temps d'Édrisi, un corail particulièrement estimé qui fournissait au marché de Sebta un de ses
principaux articles d'exportation.

On trouve encore à Belyounech les ruines d'une ville arabe
qui a dû être florissante, mais dont la décadence et la fin n'ont
pas laissé de traces dans les traditions locales. Ces débris n'ont
fait que se superposer aux débris antiques dont El-Bekri si-

Lissa, Pl.?
Ἐξίλισσα, Pt.
Belyounech.

---

[1] L'Exilissa de Ptolémée a peut-être
succédé à cette ancienne ville de Lissa
que Pline indique à l'ouest des colonnes
d'Hercule : «Oppida fuere Lissa et Cotta
ultra columnas Herculis : nunc est Tingi.»

[2] Édrisi et Abou'l-féda vantent la fertilité du territoire de Belyounech.

gnalait encore l'existence, au xi° siècle, et dans lesquels il est permis de voir les derniers vestiges d'Exilissa.

Mannert identifie à tort Exilissa à Alcazar (Ksar es-Srir) située, beaucoup plus à l'ouest, à l'embouchure d'une rivière considérable, l'Oued el-Yemm d'El-Bekri, qui porte aujourd'hui le nom d'Oued el-Ksar.

Οὐάλων, Pt.
Oued el-Ksar.

Très-profond dans la partie inférieure de son cours, l'Oued el-Ksar débouche dans le détroit à égale distance de Tanger et de Sebta. Ptolémée place aux mêmes distances proportionnelles, entre Abyla et Tingis, l'embouchure du fleuve Valon ou Oualon, Οὐάλωνος ποταμοῦ ἐκβολαί. La synonymie n'est pas douteuse. La méprise que commet Mannert en identifiant le Valon à la rivière qui se jette dans la baie de Tanger (l'Oued el-Halk) est la conséquence de l'erreur que nous avons déjà relevée dans la position qu'il assigne à Exilissa. Forbiger n'accepte pas cette synonymie, évidemment inadmissible, et passe le Valon sous silence dans son Manuel de géographie ancienne. Il le nomme, sans préciser sa situation, dans l'article Οὐάλων de l'Encyclopédie de Pauly.

Le Oualon de Ptolémée et la localité antique à laquelle a dû succéder Ksar es-Srir représentent peut-être le fleuve et la ville que Scylax indique, sans les nommer, à l'ouest de la pointe d'Abyla et en face des îles de Gadès[1]. Ce dernier détail, il est vrai, pourrait faire supposer, au premier abord, que le Périple a voulu désigner Tingis, située beaucoup plus près de Gadès, et ce rapprochement se présente d'autant plus naturellement à l'esprit qu'on s'expliquerait moins facilement que le portulan grec eût passé sous silence la ville la plus ancienne et la plus importante de la côte septentrionale. On ne doit pas perdre

---

[1] « . . . Ἄκρα Ἀβίλυκη καὶ πόλις ἐν ποταμῷ καὶ ἀντίον αὐτῆς τὰ Γάδειρα νῆσοι... »

de vue, toutefois, que l'état de mutilation dans lequel nous est parvenu le Périple affaiblit beaucoup l'argument qu'on peut tirer de l'invraisemblance d'une omission. L'indication contenue dans les mots καὶ ἀντίον αὐτῆς τὰ Γάδειρα νῆσοι n'a également qu'une valeur relative : Ksar es-Srir, aussi bien que Tanger, peut être considérée comme faisant face à Gadès, bien qu'elle en soit plus éloignée. Des deux renseignements topographiques donnés par le Périple, le seul qui nous paraisse significatif est celui que renferment les mots ἐν ποταμῷ et qui place la ville anonyme sur les bords mêmes du fleuve. Ce détail caractéristique semble résoudre la question en faveur de Ksar es-Srir située à l'embouchure ou, pour mieux dire, *dans* l'embouchure d'un véritable fleuve, l'Oued el-Yemm [1], tandis que Tanger est bâtie sur une hauteur, à deux milles du seul cours d'eau qu'on puisse considérer, malgré son peu d'importance, comme l'équivalent du ποταμός du Périple dans l'hypothèse où ce fleuve ne serait pas le Oualon de Ptolémée.

Ksar es-Srir, — le Ksar-Masmouda d'El-Bekri, le Kasr el-Medjaz d'Abou'lféda, — était au moyen âge un des points les plus importants de la côte septentrionale. C'était tout à la fois le chantier où se construisaient la plupart des navires qui faisaient le commerce du détroit, et l'arsenal où se préparaient les expéditions dirigées contre l'Espagne par les princes musulmans. La victoire de Las Navas de Tolosa avait mis fin, dès le xiiie siècle, au rôle guerrier de Kasr el-Medjaz : l'ensablement de la barre du fleuve, en tarissant sa prospérité commerciale, a fini par amener sa ruine. La vieille place forte des Masmouda n'est plus aujourd'hui qu'un monceau de ruines

---

[1] Les navires, au moyen âge, mouillaient sous les murs mêmes d'El-Ksar, dont le port était formé par l'estuaire du fleuve.

que les dunes disputent aux broussailles et ne tarderont pas à
ensevelir.

Toute la région qui s'étend de Tétouan à Sebta et de Sebta
à Tanger est exceptionnellement montagneuse et difficile. La
chaîne de l'Haouz, qui n'est que le prolongement de la grande
chaîne du Rif, se partage, comme celle-ci, en chaînons parallèles à la Méditerranée, perpendiculaires par conséquent
au détroit, dont les pointes déterminent les nombreuses saillies de la côte en même temps qu'elles isolent les quelques
vallées habitables qui s'ouvrent en face de l'Espagne. On comprend, lorsqu'on a parcouru cette sauvage contrée, que là colonisation romaine elle-même ait renoncé à l'ouvrir par ces
routes dont elle s'est montrée partout ailleurs si prodigue.
Nous savons par l'*Itinéraire* qu'elle s'en était tenue aux communications intermittentes qu'offrait la voie de mer : « A Tingi
litoribus navigatur usque ad Portus divinos. »

La région baignée par le détroit est désignée par l'Anonyme
de Ravenne (I, 3) sous le nom de Mauritania Gaditana. Le
même auteur nous apprend qu'elle portait aussi, dans la langue
des indigènes, celui d'Abrida[1]. Or le mot *abrid* signifie, en
berbère, « chemin, passage : » l'Anonyme nous a donc conservé
le nom libyen que portait la partie du littoral maurétanien
par laquelle s'effectuait le plus facilement le « passage » du détroit.

A partir de Tanger, le littoral présente un caractère tout
différent. Mais, avant d'aborder l'étude de cette région nouvelle, nous compléterons les recherches qui précèdent par
quelques mots sur la genèse probable du détroit et les traditions
qui s'y rattachent.

---

[1] Anon. : « Quæ Gaditana barbaro modo Abrida dicitur. » Cf. III, 11.

La pointe d'El-Ksar et celle de Tarifa, qui lui fait face, paraissent avoir formé dans l'antiquité les limites occidentales du Fretum Herculeum ou Fretum Gaditanum. Les documents grecs et romains, en effet, s'accordent à donner au détroit une longueur de 120 stades ou de 15 milles (22,215 mètres[1]), et cette distance est effectivement celle qui sépare la pointe Frayle de la pointe de Tarifa sur la côte espagnole, la pointe Leona de la pointe d'El-Ksar sur le littoral opposé. Le Πορθμός ou Fretum n'était donc, pour les anciens, que la partie la plus resserrée du détroit de Gibraltar, les *fauces Oceani* dont parle Pline.

Les indications de ces mêmes documents varient quant à la largeur du détroit. Strabon l'évalue à 60 ou 70 stades (11,100 ou 12,950 mètres[2]). D'après Tite-Live et Cornelius Nepos[3], la plus grande largeur du Fretum était de 10 milles (14,810^m), la plus petite de 7 milles (10,367 mètres). Turranius Gracilis réduisait ce minimum à 5 milles (7,405 mètres) entre Mellaria, sa ville natale, et le Promontorium Album[4]. La plus petite largeur que présente aujourd'hui le détroit, entre la pointe Cruces et la pointe Guadalmesi, est de 13,890 mètres ou de 75 stades. La plus grande, mesurée de Tarifa à la pointe d'El-Ksar, est de 16,050 mètres ou un peu plus de 83 stades.

Les divergences que ces chiffres constatent entre les données antiques et les évaluations modernes s'expliquent-elles uniquement par des erreurs d'appréciation? Tout en faisant la part de l'inexactitude relative à laquelle l'antiquité était condamnée par l'insuffisance de ses méthodes, il est permis de

---

[1] Strab. XVII, 3. — Plin. III, 1. Le nom de Fretum Septem Gaditanum que nous trouvons dans l'Anonyme de Ravenne (III, 11) indique, par sa composition même, les limites beaucoup plus étendues qu'on avait assignées au détroit à une époque postérieure.

[2] Strab. II, 5; XVII, 3.

[3] Plin. III, 1.

[4] Plin. *ibid.*

croire que les distances à évaluer ne sont plus les mêmes, que
la largeur du détroit, en d'autres termes, s'est notablement ac-
crue depuis les temps historiques. Le fait n'a rien que de vraisemblable en lui-même. D'accord avec la tradition antique, la
science moderne admet volontiers aujourd'hui que l'Europe et
l'Afrique n'ont pas toujours été séparées par l'étroit canal qui
a fait communiquer, à une époque relativement récente,
l'Atlantique et la Méditerranée.

La constitution géologique des deux rives du détroit est absolument la même, la faune et la flore de l'Afrique septentrionale n'ont rien d'africain : elles offrent au contraire avec celles
du midi de l'Europe des analogies tellement frappantes qu'on
peut les considérer comme appartenant à un seul et même
groupe naturel, auquel on peut donner le nom de méditerra-
néen.

La rupture de l'isthme qui rattachait l'Afrique à l'Europe
est, selon toute apparence, l'œuvre d'une convulsion toute locale, à laquelle l'homme a pu assister, et dont le souvenir
s'est transmis jusqu'à l'époque historique[1]. La forme persis-
tante qu'a revêtue cette tradition autorise même, jusqu'à un
certain point, à supposer que la main de l'homme a pu ache-
ver l'œuvre de la nature. Les traditions arabes qui se rattachent
à la formation du détroit[2], aussi bien que la légende de l'Hercule tyrien dont elles ne sont sans doute que l'écho, conservent
peut-être le souvenir d'un gigantesque effort tenté, aux premiers âges du monde, pour compléter la communication encore imparfaite qu'avait établie entre les deux mers une première oscillation du sol. Mais tandis que le héros phénicien

---

[1] Plin. III, 1 : « ... Creduntque per-
fossas exclusa antea admisisse maria, et
rerum naturæ mutasse faciem. »

[2] Voyez, entre autres, celle que rapporte Édrisi.

réunit les deux mers pour donner un libre passage à ses navires, le héros de la légende orientale, Iskander Dou'l Kour-
neïn, en ouvrant l'isthme, a surtout pour objet de créer une
barrière entre l'Espagne et l'Afrique.

L'histoire du détroit peut se reconstituer, en dehors de
toute légende, à l'aide des témoignages historiques que nous
avons cités et des faits acquis à la science moderne, soit par
voie d'induction, soit par des observations directes.

A l'époque antéhistorique une arête plus ou moins élevée,
dont les pointes de la partie la plus resserrée du détroit représentent les débris, rattache encore le massif du Rif aux Sierras
de la Bétique, en séparant l'Océan de la Méditerranée.

Plus tard, par une de ces oscillations dont la côte maurétanienne présente des traces évidentes[1], l'arête s'abaisse et livre
passage aux eaux des deux mers : « exclusa antea admittit maria. » Étroit et peu profond, le chenal n'est qu'une sorte de
Bosphore que la fable fait encore aisément franchir par les
bœufs de Géryon.

Le détroit se creuse et s'élargit assez lentement pendant la
période phénicienne et punique.

Les témoignages anciens, recueillis par Festus Avienus,
évaluent à moins de sept stades la largeur du bras qui sépare
les colonnes :

> Sed ad Columnas quidquid interfunditur
> Undæ æstuantis, stadia septem vix ait
> Damastes esse. Caryandæus Scylax
> Medium fluentum inter Columnas asserit
> Tantum patere quantus æstus Bosporo est[2].

Le détroit offre si peu de profondeur, sur certains points,

---

[1] Voyez, à ce sujet, un article de M. Georges Maw dans le *Quarterly Journal of the geological society*, for May 1872. — [2] *Ora marit.* v. 370 et sqq.

que les bâtiments chargés ne peuvent aborder à l'île d'Hercule : cette île, comme celle qui lui fait face, sont entourées de larges bas-fonds :

> Atheniensis dicit Euctemon item
> Non esse saxa aut vertices assurgere
> Parte ex utraque. Cæspitem libyci soli
> Europæ et oram memorat insulas duas
> Interjacere; nuncupari has Herculis
> Ait columnas; *stadia trigenta* refert
> *Has distinere* . . . .
>
> . . . .
> Inesse quippe dicit ollis Herculis
> Et templa et aras : invehi advenas rate,
>
> . . . .
> *Circum atque juxta plurimo tractu jacens*
> *Manare tradit tenue prolixe mare.*
> *Navigia onusta adire non valent locos*
> *Breve ob fluentum et pingue litoris lutum* [1].

Pline constate encore, dans le détroit, l'existence de « bas-fonds blanchissants qui s'étendent d'une rive à l'autre, comme autant de bandelettes, et épouvantent le navigateur [2]. » La plus grande largeur du chenal ne dépasse pas 10 milles.

Dix-huit siècles s'écoulent encore, et l'aspect du détroit se modifie de plus en plus : sa largeur actuelle varie de 14 à

[1] *Ora mar.* v. 350 et sqq. — Il semble résulter du texte de Festus Avienus que les deux îles que l'on considérait autrefois comme les Colonnes d'Hercule auraient été beaucoup plus rapprochées que celles dont parle Strabon et que nous avons cru retrouver dans l'île de Taoura et dans l'îlot de la pointe Carnero. Ces îles auraient disparu à l'époque où le détroit s'est creusé par l'action continue des courants, secondée peut-être par une convulsion du sol.

[2] III, 1 : « Tam modico ore tam immensa æquorum vastitas panditur. Nec profunda altitudo miraculum minuit. Frequenter quippe tæniæ candicantis vadi carinas territant. Qua de causa Limen interni maris multi eum locum appellavere . . . . . »

16 kilomètres et les courants ont fait disparaître les bas-fonds de l'époque romaine : la sonde accuse seule aujourd'hui, à de grandes profondeurs, l'existence d'un plateau sous-marin, dernier vestige du *limen* dont parle Pline et qui représentait lui-même les débris de l'isthme antéhistorique.

TABLE COMPARÉ
DE LA NOMENCLATURE DE LA CÔTE SEPTENTRIONALE DE LA TINGITANE
DANS SCYLAX, STRABON, MÉLA, PLINE, PTOLÉMÉE ET L'ITINÉRAIRE D'ANTONIN.

SCYLAX.	STRABON.	MÉLA.	PLINE.	PTOLÉMÉE.			ITINÉRAIRE D'ANTONIN.			CORRESPONDANCES ACTUELLES.
					Long.	L.		Millos.	Correct.	
"	"	"	Mvlvcha amnis [1]..	Μαλούα ποταμοῦ ἐκ-βολαί.	11° 11'	3				Oued el-Kis ou Oued el-Adjeroud.
"	Μολοχάθ	Mvlvcha amnis.	Malvana fluvius navigabilis.	Μολοχάθ ποταμοῦ ἐκβολαί.	10 45	3	A flum. (Limite des deux Maurétanies.)			Molouïa (Mlouïa, limite du Maghreb el-Aousat' et du Maghreb el-Aksa).
"	Μεταγώνιον ...			Μεταγώνιτες ἄκρον.	10 30	3				Cap de l'Agua (Ras Sidi Bechir).
Ἄκρος πόλις καὶ λιμήν.	"	"	Rvsadir oppidum et portus.	Ῥυσάδειρον......	10 00	3	...RES INSVLAS............	XII	VII	Iles Zafarines (Dja'ferin).
"	"	"					..DER COLONIA.......	LXV	XLV	Mdilla (Mlila).
"	"	"		Σπολιαρία ἄκρα...	10 00	3	..NTORIO RVSADDI......	XV		Cap des Trois-Fourches (Ras Hourak).
"	"	"					..NTORIO GANNARVM...	L		Pointe d'Abdoun (Ras Sidi Aïssa Oumais).
"	"	"					..EX INSVLAS..........	XXX		Alhucemas (El-Mæmma).
"	"	"					..ANTORIVM..........	XII		Pointe Bosicou (Ras Bouzkour).
"	"	"					..RILA................	XXV		Anse d'Alcela (Badis).
"	"	"		Ταινία Λόγγα.....	9 30	3	..A LONGA	XXIV		Anse des Pêcheurs (Marsa Ouringa).
"	"	"		Ἀκρῶθ........	9 00	3		XXIV		Anse des Peupliers (Marsa Tagasa ou Tighiça) [Tikiças d'Édrisi].
"	"	"					..ROMONTORIVM BARBARI.	XXIV		Pointe Omara (Ras Ghomara, Ras Kâa' Asras).
"	"	"	Lavd flumen....	Ὀλάσσ(θ)ρου ἄκρον.	8 50	3				Anse Adeloou (Marsa Oued Laou).
"	"	"	Tamvda flumen navigabile.	Θαλούδα ποταμοῦ ἐκβολαί.	8 3o	3	..MONTORIVM BARBARI)...			Oued Laou.
"	"	"	Tamvda quondam oppidum.							Pointe Adelaou (Ras Makod). Rivière de Tétouan (Oued Martil, Oued Ras ou Oued Medjeksa d'El-Bekri).
"	"	"								Tétouan (Titaouen).
"	"	"		Ἰαγάθ.........	8 30	3	..QVILAM MAIOREM.....	XII		Ras et-Terf, au sud du cap Negro.
Ἡράκλειος Στήλη ἡ ἐν Λιβύῃ.	"	"		Φοίβου ἄκρα.....	8 00	3	..QVILAM MINOREM.....	XIII		Pointe de Castillejos (Ras el-Fnidek).
"	"	"		Ἀβίλη στήλη...	7 50	3				Mont Acho, point culminant de la Sierra d'Almina, dans la presqu'île de Ceuta.
Ἄκρα Ἀβιλική...	Ἀβίλη ὄρος....	Septem Fratres.	Septem Fratres...	Ἐπ[τ]άδελφοι ὄρος.	7 40	3	..BILEM...............	XIII		Ceuta (Sebta).
"	"	"								Djebel Belyounech (la pointe Bermeja correspond à l'Ἐπτάδελφοι ὄρος de Ptolémée et à l'Ἄκρα Ἀβιλική de Scylax).
"	"	"		Ἐξίλισσα.......	7 30	3	..SEPTEM FRATRES....	XIII	IV	Mersa Denuil.
"	"	"	Lissa ?...... Promontorivm Albvm.							Ruines de Belyounech.
"	Ἐλέφας........	Mons Pravltvs.	Abyla.							Pointe Blanca.
"	Νεσθίαον, en face de l'île d'Héra.									Djebel Mouça ou Mont aux Singes. Isla del Peregil (Djezira T'aoura).
Πόλις ἐν ποταμῷ?	"	"		Οὐάλωνος ποταμοῦ ἐκβολαί.	7 00	3				Oued el-Ksar (Oued el-Yomm d'El-Bekri).
"	"	"		Τίγγις.......	6 10	3	..GI..........	LX		Tanger (Tandja).

[1] Voyez la page 6 du Mémoire.

CHAPITRE II.

LA CÔTE OCCIDENTALE.

§ Ier.

TINGIS, COTTA, LA GROTTE D'HERCULE, LE TOMBEAU D'ANTÉE.

I. — TINGIS[1].

TINGIS.
Tanger.
andja, طنجة.

Tingis, ou plus exactement Tinge, comme l'écrit Méla, était une des villes les plus anciennes de la Maurétanie, et la tradition qui lui donnait Antée pour fondateur prouve qu'elle était, antérieurement aux premières migrations orientales, un des principaux centres de la race indigène[2]. Le nom de Tingis est libyen; la forme *Tenga* תנגא ou *Tinga* תינגא, que donnent les monnaies de la capitale de la Tingitane[3], se retrouve encore, comme nom de localité, dans la langue berbère[4]. L'étymologie pro-

---

[1] Strabon (III, II), Dion Cassius (LX, 9) et Étienne de Byzance (p. 655) donnent la forme Τίγγις. Le nom de Τρίγξ (à l'accusatif Τρίγγα), qu'on trouve dans Strabon au livre XVI (ch. III) et auquel on a fait subir à tort la correction Τίγγα, ne désigne pas Tingis, comme nous le démontrerons plus tard : abstraction faite des raisons qui le prouvent, Strabon, au point de vue grammatical, n'aurait pas écrit Τίγγα, mais Τίγγιν, le génitif, d'après le même auteur, étant Τίγγιος. Ptolémée donne à Τίγγις le surnom de Καισάρεια. Pline écrit *Tingi*, forme neutre, moins caractérisée que celle qui prévalut à l'époque postérieure et qui cherche, comme celle qu'emploie Méla, à rendre plus fidèlement la forme indigène, *Tenga*.

[2] Méla, I, v : « Tinge, oppidum pervetus, ab Antæo ut ferunt conditum. » Pline, V, 1 : « Tingi, quondam ab Antæo conditum. »

[3] L. Müller, *Numismatique de l'ancienne Afrique*. Une troisième forme *Titga*, תיתגא, est considérée par M. C. Müller comme la plus ancienne.

[4] Il existe notamment dans le nord de la régence de Tunis une localité appelée *Tindja*. On sait que les deux lettres *g* et *dj* se suppléent dans tous les dialectes de l'Afrique septentrionale. Tenga porte aujourd'hui le nom de Tandja طنجة.

posée par Movers et qui ferait dériver Tinga ou Titga d'un mot libyen que nous a conservé Juvénal, *attegiæ*[1], nous paraît donc douteuse. Le nom de Tinga ou Tindja est évidemment un nom de localité qui a eu un sens à l'origine, comme tous les noms de cette espèce, et dont une connaissance plus approfondie des dialectes berbères fera sans doute retrouver un jour la signification.

Tingis occupait exactement l'emplacement que couvre aujourd'hui Tanger. Les débris qu'on retrouve journellement, à quelques mètres au-dessous du sol actuel, ne laissent aucun doute sur un fait qu'on pouvait affirmer *a priori*, comme l'a fait M. Renou, en ne considérant que la position probable de la ville antique par rapport au mouillage. L'hypothèse qui identifie Tingis aux ruines de *Tandja el-Bâlia*, la vieille Tandja, situées à deux milles environ à l'est de Tanger, n'est qu'une des nombreuses erreurs accumulées par Gräberg de Hemsö dans un livre qui a longtemps fait autorité en matière de géographie marocaine. Les ruines de Tandja el-Bâlia, ainsi que l'avait déjà constaté Barth[2], n'appartiennent pas à l'époque romaine; elles remontent tout au plus à la période byzantine, si elles ne datent pas du moyen âge berbère comme le prétendu pont romain qu'on remarque entre ces mêmes ruines et Tanger.

Le périmètre de l'antique Tingis ne semble pas avoir dépassé les limites, d'ailleurs indiquées par la nature des lieux, dans lesquelles s'est renfermée depuis la ville berbère. A part quelques chapiteaux d'ordre corinthien ou composite qui ornent l'un des vestibules de la Kasba, et deux colonnes de granit abandonnées dans une rue voisine de la grande mosquée,

---

[1] *Sat.* xiv, 196. — [2] *Wanderungen durch die Küstenländer des Mittelmeers*, p. 8.

il ne reste rien aujourd'hui des nombreux vestiges antiques qui existaient encore au temps d'El-Bekri[1]. Le sous-sol est plus riche : les fouilles pratiquées pour creuser des puits ou établir des fondations ont toujours traversé des substructions romaines.

L'enceinte antique n'a laissé aucune trace apparente. Les énormes masses de blocage que Barth a signalées dans le chemin qui conduit du Souk ou marché extérieur à la plage, et qu'il considère comme antiques, ne sont que les débris des fortifications portugaises détruites comme le môle par les Anglais lors de l'évacuation de la place en 1684. L'aqueduc qui amenait à Tanger les eaux du Djebel en franchissant la coupure de l'Oued el-Ihoud, et qui passe pour une construction portugaise, est, au contraire, une œuvre romaine et représente évidemment l'aqueduc dont parle El-Bekri.

Les tombes qu'on remarque sur le plateau rocheux dont Tanger occupe le versant oriental paraissent remonter à l'époque liby-phénicienne. Assez exactement orientées, elles s'ouvrent dans la surface horizontale du roc, et présentent à l'intérieur un ressaut de dix centimètres, environ destiné à recevoir la dalle qui les fermait. La longueur moyenne de ces auges sépulcrales est de 2 mètres à 2ᵐ,50 à fleur de sol : la largeur, de 40 à 50 centimètres au-dessous du ressaut; la profondeur est de 55 à 60 centimètres. Une seule de ces tombes présente en largeur et en profondeur des dimensions plus considérables : elle mesure 1ᵐ,28 de largeur et le ressaut destiné à recevoir la dalle ne se dessine qu'à 1ᵐ,20 au-dessous de l'ori-

---

[1] El-Bekri, p. 248 : « On y trouve beaucoup de monuments antiques tels que des châteaux, des voûtes, des cryptes, un bain, un aqueduc, des marbres en grande quantité et des pierres de taille. Lorsqu'on creuse dans ces ruines, on trouve diverses espèces de bijoux, surtout dans les anciens tombeaux. »

fice. La profondeur totale paraît être de 2ᵐ,5o, autant que j'en ai pu juger par un sondage, la tombe, au moment où je l'ai visitée, étant en partie comblée par un éboulement et remplie d'eau jusqu'à la surface du sol. Un grand nombre de ces monuments a déjà disparu par suite de l'exploitation du rocher qui sert aujourd'hui de carrière aux indigènes. Celles qui subsistent encore forment quatre groupes principaux composés chacun d'une vingtaine de sépultures.

C'est probablement aussi de l'époque liby-phénicienne que date une stèle grossière, trouvée il y a quelques années dans les fondations d'une maison voisine de la légation de France. Taillée dans une pierre meulière provenant des carrières du cap Spartel, elle rappelle, par sa forme, un monument beaucoup plus ancien que je décrirai dans le chapitre spécialement consacré aux antiquités mégalithiques.

Je n'ai trouvé, à Tanger, que les trois inscriptions suivantes :

N° 1.

(Plaque de 0ᵐ, 2o carrés. Trouvée aux environs de Tanger, sur la route de Fès.

N° 2.

(Fragment de 0^m, 64 sur 0^m, 75 encastré dans la batterie du port.

Ce fragment de dédicace, martelé à l'époque chrétienne, se restitue facilement dans la partie mutilée, grâce à l'indication du consulat rapprochée de celle de la puissance tribunicienne : il s'agit de Dioclétien, revêtu de cette puissance, pour la septième fois, en 291, et dont le quatrième consulat remonte à l'année 290. Maximien n'était consul que pour la troisième fois en 291.

L'inscription date donc de cette même année 291 et doit se rétablir ainsi :

[IMP · CAES · C ·]AVREL · VAL ·
[DIOCLETIAN]O. GERMANICO
MAX · PIO · FELICI · INVICTO AVG
[P] · M · TRIBVNICIAE POTEST · VIII
[CO]S · IIII PATRI PATRIAE P[ROCOS]

N° 3.

(Bloc de marbre de 0ᵐ,80 sur 0ᵐ,45, creusé à la partie postérieure en forme d'auge. Déposé aujourd'hui dans le jardin de la légation d'Angleterre.)

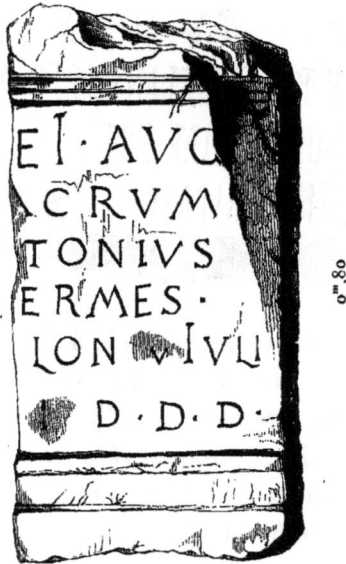

EI · AVG
CRVM
TONIVS
ERMES ·
LON ⋁IVL
D · D · D ·

0ᵐ,80

0ᵐ,45

Hauteur des lettres : 1ʳᵉ ligne : 0ᵐ,068.

2ᵉ ligne : 0ᵐ,055.

3ᵉ, 4ᵉ, 5ᵉ, 6ᵉ ligne : 0ᵐ,040.

Cette troisième inscription est malheureusement incomplète. Elle n'en offre pas moins un intérêt tout particulier à un double point de vue.

D'une part, en effet, elle nous paraît donner la première

Maurétanie Tingitane.

7

moitié du nom de la colonie de Claude tel que Pline nous l'a fait connaître[1] :

[CO]LON[IAE] V[ICTRICIS] IVLI[AE TRADVCTAE]

Or on sait que Mannert, contestant la valeur du témoignage de Pline, accuse l'encyclopédiste romain d'avoir attribué, par erreur, à Tingis un surnom qui n'appartient qu'à la Julia Joza ou Julia Transducta de la Bétique[2]. Abstraction faite des raisons qui ont été déjà données par le traducteur de Mannert[3] pour justifier l'existence simultanée de la Julia Joza ou Transducta d'Espagne et de la Colonia Traducta Julia de Maurétanie, l'inscription que nous avons trouvée à Tanger nous paraît apporter une preuve matérielle à l'appui de l'assertion de Pline.

Elle n'offre pas un moindre intérêt au point de vue de l'histoire des institutions provinciales.

La restitution de la première ligne

[ROMAE] ET AVGVSTO

n'est pas douteuse : notre épigraphe nous donnerait donc la preuve que Tingis, comme Tarraco, Lugdunum, Sirmium et d'autres villes de l'empire, était le centre du culte officiel de Rome et d'Auguste pour la province, et avait par conséquent son *sacerdos Romæ et Augusti provinciæ* ou *Flamen provincialis*. L'existence de ce *sacerdos* était déjà constatée pour l'Afrique proconsulaire, la Numidie et la Maurétanie Cæsarienne. L'inscription de Tanger l'atteste indirectement pour la Tingitane

---

[1] V, 1 : «Tingi.... a Claudio Cæsare, quum coloniam faceret, appellatum Traducta Julia.»

[2] *Géographie ancienne des États barbaresques*, trad. de Marcus, p. 547.

[3] Note 169, p. 729.

et nous permet ainsi de compléter l'histoire du culte de Rome
et d'Auguste en·Afrique.

2. — COTTA.

C'est à l'ouest de Tingis, dans la chaîne du cap Spartel,
que devait être située cette ancienne ville de Cotta dont parle
Pline et qui n'existait déjà plus de son temps[1]. Marcus la place
à tort à la pointe Malabata, à l'est du golfe de Tanger; l'eau
et l'espace nécessaires à un centre de population manquent
sur cette pointe rocheuse. La ville liby-phénicienne dont Pline
nous a seul conservé le souvenir devait se trouver dans le
massif même du promontoire Cotès. Les noms de Cotès et de
Cotta ne sont que deux variantes d'un mot indigène dont Méla
nous a fait connaître la signification : « les vignes. » Toute
cette région produit encore aujourd'hui les raisins les plus
estimés du Maroc, et l'on a trouvé, il y a quelques années, en
creusant les fondations du phare du cap Spartel, d'énormes
ceps de vignes, ruines végétales qui rappellent les vestiges des
anciennes colonies liby-phéniciennes du sud dont parle Pline :
« Ibi fama exstare circa vestigia habitati quondam soli, *vinea-*
rum palmetarumque reliquiæ. »

Nous ne pensons pas toutefois que ces débris, ainsi que les
quelques blocs antiques qu'on remarquait dans le voisinage,
signalent l'emplacement de Cotta ou de la localité qui avait pu
lui succéder à l'époque romaine : la pointe du cap Spartel ne
présente, entre ses deux étages de falaises, qu'un plateau beaucoup trop étroit pour qu'un centre quelconque de population

---

[1] V, 1 . « Oppida fuere Lissa et Cotta ultra Columnas Herculis, nunc Tingi. » Cf. XXXII, vi : « Ad locum Mauretaniæ qui Cotta vocatur, non procul Lixo flumine. » Il est probable que ce nom de *Cotta* s'éten- dait à toute la partie montagneuse du lit- toral qui séparait Tingis de Lixus. Strabon donne la même signification géographique au nom de Κώτεις.

ait jamais pu s'y développer. Cotta devait être située, soit à Agla, sur le versant du Ras Achakkar qui regarde le détroit, soit, plus vraisemblablement encore, sur le versant opposé, au-dessous du village berbère de Mediouna. Les indigènes affirment qu'il existait autrefois sur ce point des vestiges d'un aqueduc et d'anciennes murailles dont l'appareil dénonçait l'origine romaine.

3. — LA GROTTE D'HERCULE.

Méla signale, près du Promontorium Ampelusia, une grotte consacrée à Hercule, *specus Herculi sacer*. Gräberg de Hemsö a cru la retrouver dans une cavité assez spacieuse qu'on remarque non pas dans le massif proprement dit du cap Spartel, mais dans une falaise isolée, à deux milles environ au sud de ce promontoire. Cette synonymie, acceptée par Barth, ne nous paraît pas à l'abri de toute objection. Le texte de Méla, d'une part, semble indiquer que la grotte d'Hercule était située entre le promontoire et Tingis : « In eo est specus Herculi sacer, et *ultra specum* Tinge......... » D'un autre côté, l'excavation dans laquelle on a voulu retrouver l'antre d'Hercule est en grande partie, sinon en totalité, l'œuvre de la main de l'homme : en d'autres termes, c'est bien moins une grotte qu'une carrière de pierre meulière, en pleine exploitation depuis le moyen âge berbère : nous avons à cet égard un témoignage qui porte une date précise, celui d'El-Bekri. Il est donc impossible de juger, d'après les dimensions actuelles de la prétendue grotte d'Hercule, de ce qu'elle pouvait être à l'époque romaine. Il n'est pas exact d'ailleurs que cette même grotte soit la seule qui existe dans tout le massif du cap Spartel : Barth a été induit en erreur par ces renseignements négatifs qui l'ont déterminé à accepter la conjecture de Gräberg[1]. Nous avons constaté, au contraire, dans le Djebel Achakkar, trois autres cavités naturelles qui ne sont guère connues, il est vrai, que des chasseurs de sangliers, mais qui n'en peuvent pas moins prétendre à l'honneur de représenter le *specus Herculis*. Deux de ces grottes s'ouvrent dans une des gorges du versant oriental du Djebel; la troisième, remarquable par sa large ouverture, de forme triangulaire, s'enfonce sous une des falaises du versant occidental, située entre le cap Spartel et le golfe de Tanger. Il est très-possible, en outre, que d'autres cavernes du même genre aient existé dans cette partie du littoral sans qu'il en reste aucune trace aujourd'hui : sans cesse battues et rongées par une mer furieuse, les falaises du Ras Achakkar ont dû souvent changer d'aspect depuis l'époque romaine.

4. — LE TOMBEAU D'ANTÉE.

Nous ne serons guère plus affirmatif en ce qui concerne le tombeau d'Antée. Nous avons vainement cherché, soit aux environs de Tanger, soit dans le voisinage d'El-Araïch, un accident de terrain qui répondît à la description de Méla : « Collis modicus resupini hominis imagine jacentis. » Le tumulus naturel qui pourrait représenter le moins imparfaitement le tombeau du héros libyen serait la colonne isolée d'Ech-Cherf, près de Tanger : encore sommes-nous obligé d'avouer qu'il faut un effort d'imagination pour y retrouver l'image d'un homme couché. La tradition locale est tout aussi muette sur le phénomène qui signalait toute dégradation de la tombe du fondateur de Tingis : « Unde ubi aliqua pars eruta est, solent

---

[1] *Wanderungen,* p. 13 : « Wir selbst stiegen zu einer grossen merkwürdigen Felsgrotte..... die ohne Zweifel identisch ist mit der Grotte des Hercules..... denn eine andere findet sich an diesem ganzen Vorgebirge nicht. »

imbres spargi, et, donec effossa repleantur, eveniunt. » Le souvenir de ces torrents expiatoires a disparu aussi bien que les forêts qui, en modifiant le climat, aidaient sans doute au miracle.

§ II.

LE CAP COTÈS, LE LAC CÉPHISIAS, L'HERMÆA ACRA ET L'ANIDÈS DE SCYLAX.

(Voy. pl. III.)

AMPELYSIA PROMONTORIVM. Ἀμπελουσία, Κώτης ἄκρου. Cap Spartel. Ras Achakkar. راس اشقار

Le promontoire si remarquable qui forme l'extrémité occidentale de la rive africaine du détroit était désigné par les Grecs tantôt sous le nom d'Ἀμπελουσία[1], le Cap des Vignes, tantôt sous celui de Κώτης[2] que lui donnaient les indigènes et dont la signification était la même[3]. Les Romains devaient avoir adopté soit cette dernière dénomination, soit celle d'*Ampelusia* que Méla emprunte à la nomenclature grecque[4]. Aucun document de l'époque romaine, du moins, ne nous en fait connaître une troisième. Le nom d'*Hermæum Promontorium*, donné au cap Spartel par la carte de l'Afrique ancienne dressée au Dépôt de la Guerre en 1864, ne s'explique que par une fausse interprétation d'un passage de Scylax. La première pointe que signale l'auteur du Périple, à partir des Colonnes d'Hercule, c'est-à-dire de Calpe et d'Abyla, est désignée sous le le nom d'Ἑρμαία ἄκρα. En partant de cette idée, assez naturelle d'ailleurs, que le géographe grec n'avait pu passer sous silence un accident de terrain aussi considérable que le cap Spartel, on a cru pouvoir conclure à l'identité de ce dernier

---

[1] Méla, I, v.

[2] Ptolémée, IV, 1. Strabon (XVI, III, 2) donne la forme plurielle Κώτεις et semble désigner sous ce nom collectif, ainsi que nous l'avons déjà fait remarquer, non-seulement le massif du cap Spartel,

mais tout le plateau projeté par les montagnes du Rif entre Tingis et Lixus.

[3] Méla, I, v.

[4] Méla, III, x : « Et, unde initium fecimus, Ampelusia in nostrum jam fretum vergens promontorium. »

point et de l'*Hermœa Acra* du Périple. Une étude attentive du
texte de Scylax ne permet pas toutefois d'admettre cette hypothèse, aussi inconciliable avec la distance indiquée par le
portulan grec entre les Colonnes et la Pointe d'Hermès qu'avec
les détails topographiques que donne le même document sur
toute cette partie du littoral. Scylax, en effet, évalue à deux
journées de navigation l'intervalle compris entre les Colonnes
d'Hercule et la Pointe d'Hermès. Or le cap Spartel n'est qu'à
500 stades ou une journée de navigation de la pointe d'Abyla.
Le Périple, d'autre part, en décrivant la région qui s'étend
entre les Colonnes et l'Hermæa Acra, y place un lac qu'il est
impossible de retrouver entre Abyla et le cap Spartel. De
Ceuta à la pointe Malabat, comme de la pointe de Tanger au
cap Spartel, la côte n'offre qu'une muraille de rochers. Quant
aux parties planes qui existent au fond du golfe de Tanger,
elles ne sauraient représenter l'emplacement du lac dont parle
le Périple. D'après les recherches qu'a bien voulu faire, à
ma demande, un de nos géologues les plus distingués, M. le
Dr Bleicher, toutes les déchirures du sol, et particulièrement
les berges de l'Oued Mghoura et de l'Oued Souâni qui sillonnent ces bas-fonds cultivés de longue date, indiquent des alluvions fluviales très-limitées en étendue et bien proportionnées
aux cours d'eau actuels. Ce sont ordinairement des marnes
peu homogènes au milieu desquelles se trouvent quelques lits
de cailloux roulés de petite taille provenant, comme la marne,
du démantèlement du sous-sol qui paraît appartenir au terrain tertiaire inférieur. Ces alluvions, qui atteignent en certains points jusqu'à trois mètres d'épaisseur, contiennent, sur
les talus des rivières, de nombreuses coquilles fluviatiles (*Me-
lanopsis maroccana, Unio*); partout ailleurs on ne rencontre que
des coquilles terrestres. Il paraît impossible, par suite, qu'il

ait existé dans ces dépressions soit un lac profond, soit un marais constamment couvert d'eau.

Si étrange que puisse paraître l'omission du cap Spartel dans le texte du Périple, nous devons nous borner à la constater; c'est par l'étude comparée des localités actuelles et de la description détaillée que nous a laissée Scylax de cette partie de la côte maurétanienne que nous pourrons déterminer la véritable synonymie de l'Hermæa Acra. L'insuffisance de nos cartes n'avait pas permis jusqu'ici de procéder fructueusement à cette étude[1]. Nous avons essayé de combler cette lacune en joignant à ce mémoire une esquisse topographique, dressée à l'échelle de $\frac{1}{50000}$, de toute la région comprise entre le cap Spartel et Azila.

---

[1] Rédigées d'après les renseignements incomplets ou inexacts de Caraman, de Barth et de quelques autres voyageurs, les descriptions les plus récentes de cette partie du Maroc si voisine de Tanger ont accumulé méprises sur méprises : elles confondent des bassins bien distincts, comme ceux du Mharhar et de l'Oued Kharroub, du Tahaddart et de l'Oued el-Aïacha; elles en suppriment d'autres, ceux par exemple de l'Oued Sahab et-Touil et de l'Oued el-Halou; elles prennent des noms communs, comme celui de *kholdj* (fondrière), pour des noms propres; elles transforment ces fondrières en cours d'eau, ou réciproquement; elles donnent enfin comme des noms de fleuves de simples désignations de gués : c'est ainsi que l'Oued Kharroub est devenu l'Oued Mechrâat el-Hachef, et l'Oued el-Kouas ou Oued el-Aïacha, l'Oued Gh'rifa. De telles informations devaient nécessairement mettre en défaut la critique de nos meilleurs géographes : M. Vivien de Saint-Martin a considéré l'Oued el-Aïacha et la Gh'rifa comme deux fleuves distincts, alors que la Gh'rifa n'est qu'un gué de l'Oued el-Aïacha, et M. Renou a confondu lui-même la Gh'rifa avec le Tahaddart, vaste estuaire par lequel le Mharhar et l'Oued Kharroub réunis se jettent dans l'Océan. Nous ne parlons pas des contre-sens commis dans la traduction de certains noms de localités. Barth traduit sérieusement les mots *Mechrâat el-Hachef* par « le gué du pain sec ou des dattes sèches »; tel est effectivement le sens des mots *Hachfoun* حَشَف et *Hachafoun* حَشَف; mais Barth savait assez l'arabe pour pouvoir reconstituer le véritable nom, qu'il n'a cependant pas deviné, *Mechrâat el-Hechâf* حَصَاف, le gué des roches sous-marines. Une méprise moins explicable encore a fait du mot *gh'rifa* un diminutif de *gh'orfa,* chambre du premier étage; *Mechrâat el-Gh'rifa* signifie en réalité *le gué profond.*

« Après les Colonnes d'Hercule, dit Scylax, celui qui navigue dans la mer extérieure, ayant la Libye à sa gauche, rencontre un grand golfe qui s'étend jusqu'à la Pointe d'Hermès. Au milieu de ce golfe sont une région et une ville du nom de Pontion (Ποντίων τόπος καὶ πόλις). Un grand lac s'étend près de la ville (περὶ δὲ τὴν πόλιν λίμνη κεῖται μεγάλη), et dans ce lac il y a un grand nombre d'îles. Sur les bords du lac croissent le roseau (κάλαμος), le souchet (κύπειρος), la pimprenelle (φλέως) et le jonc (θρυόν). On voit là les oiseaux méléagrides qu'on ne trouve pas dans d'autres contrées, à moins qu'ils n'y aient été transportés de ce même point. Ce lac est appelé Céphisias (Κηφησιάς), et le golfe Cotès (Κώτης). Il est situé entre les Colonnes d'Hercule et la Pointe d'Hermès. De ce promontoire d'Hermès s'étendent de grands rochers (ἕρματα) qui vont de la côte de Libye à la côte d'Europe; ces rochers n'apparaissent pas au-dessus de l'eau, la mer y brise en quelques endroits. Cette chaîne de roches sous-marines s'étend vers un autre cap d'Europe situé vis-à-vis et qu'on nomme le Promontoire sacré. Après la Pointe d'Hermès il y a un fleuve appelé Anidès (Ἀνίδης); il débouche dans un grand lac. Après l'Anidès il y a un autre grand fleuve, le Lixos, et la ville phénicienne de Lixos... »

La topographie de la partie du littoral comprise entre le cap Spartel et Lixus présente donc, d'après le Périple, les traits suivants :

1° Un grand golfe, du nom de Cotès, s'étendant jusqu'à la pointe d'Hermès;

2° Au milieu de ce golfe une ville du nom de Pontion;

3° Près de cette ville, un grand lac (lac Céphisias) avec des îles nombreuses;

4° Un promontoire, l'Hermæa Acra, ou Pointe d'Hermès,

caractérisé par une ligne d'écueils sous-marins reliant la Libye au Promontoire sacré (cap Saint-Vincent);

5° Un fleuve, l'Anidès, débouchant dans un autre grand
lac;

6° Un autre grand fleuve, le Lixos.

Ces renseignements sont trop détaillés et trop précis pour
qu'il soit permis d'en faire bon marché : empruntée selon toute
apparence à des documents gaditains, toute cette partie du
Périple porte en elle-même un caractère d'exactitude auquel
la critique n'aurait pas dû se méprendre. A une seule exception près, cependant, tous les auteurs qui se sont occupés de
la géographie comparée du Maroc n'ont pas tenu compte de ce
texte ou l'ont accusé d'erreur.

L'erreur, ainsi que l'avait soupçonné M. Vivien de Saint-
Martin[1], est du côté des commentateurs qui ne se sont pas
assez défiés de l'insuffisance de nos notions sur une région de
l'Afrique que l'antiquité connaissait mieux que nous. Comme
tous les explorateurs qui l'avaient précédé et qui l'ont suivi,
Barth ne connaissait qu'un seul grand lac sur la côte marocaine, la Merdja'a de Ras ed-Doura : il l'a considéré comme
l'équivalent du lac Céphisias sans se préoccuper de l'impossi-
bilité de concilier cette synonymie avec les données du Périple
et tout particulièrement avec l'indication formelle qui place le
lac Céphisias au nord du Lixos, tandis que la Merdja'a de Ras
ed-Doura est située à une très-grande distance au sud de ce
même fleuve. L'hypothèse erronée du voyageur allemand est
devenue un article de foi, comme tant d'autres identifications
irréfléchies, et lorsque le savant commentateur des *Geographi
Græci minores* s'est trouvé en présence de l'ensemble d'un texte

[1] Vivien de Saint-Martin, *Le nord de l'Afrique dans l'antiquité*, p. 353.

qui la condamnait, il a préféré condamner le texte. Le lac Céphisias restant, pour M. C. Müller comme pour Barth et pour Movers, la Merdja'a de Ras ed-Doura, le golfe de Cotès devient nécessairement le *Sinus Emporicus*, l'Anidès est confondu avec l'Anatis de Polybe, Pontion est identifiée à la Thymiaterion d'Hannon, l'Hermæa Acra, le Promontoire d'Hermès, est reporté à l'Oued Yekkem, où il n'existe aucun promontoire. Et comme toutes ces transpositions sont inconciliables avec le document antique, c'est ce même document que M. C. Müller accuse de transposition [1].

Repoussant des synonymies jusqu'alors aussi unanimement qu'aveuglément acceptées, M. Vivien de Saint-Martin a été le premier à exprimer la conviction qu'une étude plus approfondie des localités ferait retrouver le lac Céphisias et la pointe d'Hermès là même où le Périple les indique, c'est-à-dire au nord de Lixos. L'exploration à laquelle nous avons procédé a complétement justifié ces prévisions.

Le golfe de Cotès commençait au promontoire qui portait le même nom. Cette désignation commune pouvait déjà faire pressentir que le κόλπος μέγας du Périple était contigu au cap Spartel; la concordance des autres détails donnés par le document grec avec la configuration de la côte ne laisse aucun doute à cet égard. Le golfe est représenté par la dépression assez peu sensible sur la carte, il est vrai, mais très-frappante pour le navigateur, qu'offre le littoral entre les falaises du Ras Achakkar et la pointe d'El-Kouas. Au sud du Ras Achakkar s'étend une plage très-basse, largement inondée à marée haute et dont les sables mouvants attestent l'origine relativement récente. Le golfe dont elle occupe la place s'est évidemment com-

Κώτης κόλπος.
Plage
du Tahaddart.
واد تحضرت

---

[1] *Geogr. Græc. minores*, p. 91 : « In hoc capite duos fontes auctor noster temere miscuisse videtur, etc. »

blé sous l'influence dominante des vents d'ouest combinés avec les alluvions des cours d'eau qui descendent du plateau de Tanger. Cette plage n'est séparée des marais de l'intérieur que par un mince cordon de dunes qui ne forme pas d'ailleurs une ligne continue. Il est donc très-probable que la mer pénétrait beaucoup plus avant dans les terres à l'époque de Scylax. Dans l'état actuel des choses la côte présente encore, vue du large, l'aspect d'un immense golfe compris entre le Ras Achakkar et la pointe d'El-Kouas. Plus d'une fois, avant la construction du phare du cap Spartel, des bâtiments venant du sud se sont échoués de nuit sur cette plage du Tahaddart qu'ils prenaient pour l'entrée du détroit.

Ἑρμαία ἄκρα.
Ras el-Kouas.
راس الغواس

L'Ἑρμαία ἄκρα, qui limitait au sud le golfe de Cotès, paraît correspondre dès lors au Ras el-Kouas. A partir de cette pointe le littoral prend une physionomie toute différente : aux plages basses du Tahaddart succède une côte rocheuse qui s'étend jusqu'à Lixus, sans offrir d'autre interruption que l'estuaire de l'Oued el-Aïacha ou Oued el-Kouas. M. Vivien de Saint-Martin avait déjà fait observer que le nom de la divinité à laquelle était consacré l'Hermæa Acra se retrouvait dans celui de la station voisine d'Ad Mercuri. On verra plus loin que les ruines de cette ville romaine existent sur le plateau d'El-Gharbia dont la pointe d'El-Kouas n'est que le prolongement.

L'hydrographie moderne ne signale pas, il est vrai, la ligne d'écueils sous-marins (ἕρματα) dont parle Scylax. Mais toute cette côte, comme l'embouchure du détroit, a subi de profonds changements depuis l'époque historique ; la grande vague du large la bat avec violence et mine rapidement les roches très-friables dont elle est formée : des modifications très-appréciables s'y opèrent d'une année à l'autre. Il n'est donc pas étonnant que la ligne d'écueils signalée par le Périple ait dis-

paru sous l'action destructive des flots ; quant à son existence
même, à l'époque ancienne, je ne vois aucune raison de la
mettre en doute : l'assertion de Scylax me paraît au contraire
justifiée par les caractères géologiques du terrain ; j'ai remarqué notamment sur le plateau de Ghellaïat une série de lignes
rocheuses parallèles, orientées du sud-est au nord-ouest dont
le prolongement sous les flots explique tout à la fois les ἕρματα
de Scylax et la direction que ce géographe leur assigne.

La région habitée que le Périple désigne sous le nom de
Pontion comprenait vraisemblablement les collines d'El-Mriès
et d'Hadjeriin ainsi que le plateau de Cherf el-Akab, baignés
tout à la fois par la mer et par les marais de l'intérieur. Les
tombes mégalithiques que j'y ai trouvées en assez grand nombre, surtout à El-Mriès où elles forment deux groupes remarquables, indiquent l'existence, sur cette partie du littoral, d'un
centre de population très-ancien qui justifierait l'expression de
πόλις employée par le Périple. On peut rapprocher en outre
la dénomination d'*El-Mriès*, les ports, de celle de Ποντίων :
l'une et l'autre semblent désigner un établissement de marins
et de pêcheurs, et il n'est pas inutile d'ajouter que la pêche,
si abondante sur la côte maurétanienne, est particulièrement
fructueuse dans ces parages.

Le lac qui s'étendait près de la ville de Pontion est évidemment le vaste bassin, encore partiellement inondé, que
traverse le cours inférieur du Mharhar et celui de l'Oued el-
Kharroub. Le périmètre du lac antique peut être approximativement déterminé par une ligne qui suivrait les escarpements
de Cherf el-Akab, la terrasse peu élevée, mais très-distincte,
qui s'étend de ces escarpements au Mharhar, parallèlement à
la chaîne d'Aïn Dâlia, les contre-forts détachés des collines de
Safet el-Hamam et de Seguedla, les hauteurs de Dar Aklâou et

Marginalia right column:

Ποντίων πόλις καὶ
τόπος.
El-Mriès,
Hadjeriin,
Cherf el-Akab.
شرف العقاب

Κηφησιὰς λίμνη ,
Bassin
du Tahaddart.
تهدرت

de Ghellaïat, le plateau d'El-Gharbia et enfin la pointe d'El-Kouas. Le lac Céphisias devait avoir, du reste, le double caractère de λίμνη et de λιμνοθάλασσα que présentent encore ces bas-fonds : le bassin de Ka'a er-Remel est une véritable lagune dont les bords n'offrent en fait de végétation que des salsolacées et autres plantes congénères. On retrouve, au contraire, dans les marais de Cherf el-Akab et d'Aïn Tcherioua ce luxe de plantes aquatiques que signale le Périple.

Les grandes dunes anciennes de Briedj et d'El-Haouara représentent, enfin, les plus considérables de ces îles nombreuses qui existaient dans le lac Céphisias : une étude approfondie du terrain, au point de vue du nivellement, en ferait retrouver sans doute beaucoup d'autres.

Quant aux pintades (αἱ ὄρνιθες αἱ Μελεαγρίδες) que Scylax dit être originaires du lac Céphisias, nous sommes obligés de constater qu'elles sont aussi inconnues aujourd'hui sur les bords du Mharhar que sur ceux de la Merdja'a de Ras ed-Doura. Les indigènes affirment qu'on n'en trouve que beaucoup plus au sud, dans les environs de Safi, où il n'existe d'ailleurs aucun lac. Il n'est pas démontré, au surplus, que Scylax ou ses informateurs aient entendu désigner par les mots *oiseaux méléagrides* la pintade plutôt qu'une des nombreuses variétés de canards ou de poules d'eau qui habitent par milliers les marais de la côte marocaine.

On ne retrouve pas davantage aujourd'hui, dans toute cette région, l'ambre qu'on recueillait autrefois sur les rives du lac Céphisias, d'après une tradition libyenne que Pline nous a transmise et qui confirme d'ailleurs les détails donnés par le Périple sur la faune caractéristique de ce bassin [1]. Les indi-

---

[1] Pline, XXXVII, II : « ...Asarubas tradidit juxta Atlanticum mare esse lacum Cephisiada, quem Mauri vocant Electrum. Hunc sole excalefactum e limo dare elec-

gènes recueillent, il est vrai, sur la plage du Tahaddart, une
matière grisâtre, exhalant une odeur très-forte, se fondant à
la chaleur, à laquelle ils donnent le nom d'ambre et qui m'a
paru être effectivement une espèce d'ambre gris. Mais on sait
que l'ambre gris n'a de commun avec l'ambre jaune que le
nom, et le mot *electrum*, dont se sert Pline, ne permet pas d'as-
similer la substance dont j'ai parlé à celle que produisait le
lac Céphisias.

Ces détails, du reste, n'ont qu'une importance secondaire
quand on réfléchit au peu de précision qu'apportaient les anciens dans celles de leurs observations qui touchaient à l'histoire naturelle, et à l'absence de toute critique en pareille matière de la part de leurs écrivains les plus sérieux.

Les synonymies que j'ai proposées pour le golfe de Cotès
et l'Hermæa Acra permettent d'identifier l'Anidès à l'Oued el-
Aïacha, seul cours d'eau de quelque importance qu'on rencontre entre la pointe d'El-Kouas et le bassin du Loukkos.

Le grand lac dans lequel se jetait l'Anidès est représenté
aujourd'hui par les marais au milieu desquels l'Oued el-Aïacha,
qui porte dans cette partie de son cours le nom d'Oued el-
Akouas, déroule ses derniers méandres. Il est très-probable
que ce bassin de l'Oued el-Kouas ne formait à l'époque du
Périple, jusqu'au delà du Mechra'at el-Gh'rifa, qu'une vaste
nappe d'eau à laquelle a pu s'appliquer justement l'épithète
de λίμνη μεγάλη. Les alluvions du fleuve ont peu à peu comblé l'estuaire et tranformé le lac ou la lagune en marécage.

Ἀνίδης ποταμός
Oued el-Aïacha
واد العياشة

---

trum fluitans. Mnaseas Africæ locum Sicyonem appellat, et Crathin, amnem in
Oceanum effluentem e lacu, in quo aves
quas Meleagridas et Penelopas vocat : et
vere ibi nasci (electrum) ratione eadem
qua supra dictum est de Electride lacu. »
Pline, ainsi que l'a fait observer M. C.
Müller, réunit deux témoignages qui se
rapportent, bien qu'il ne semble pas s'en
douter, à une seule et même localité.

§ III.

LE FLEUVE ZILIA. —— ZILIA OU ZILIS.

ZILIA, fl.
Oued Acîla
ou Oued el-Halou.
واد الحلو

A une heure au sud de l'Oued el-Kouas, l'Anidès de Scylax, coule une rivière guéable à la barre, bien qu'assez profonde dans toute la partie de son cours où se fait sentir l'influence de la marée : ce cours d'eau auquel El-Bekri donne le nom d'Oued Acîla, et qui porte aujourd'hui celui d'*Oued el-Halou*, la rivière douce, est le fleuve Zilia de Méla et de Ptolémée. La ville antique qui portait le même nom, Zilia ou Zilis[1], était située sur la rive gauche de ce cours d'eau, là même où s'élève aujourd'hui la petite ville d'Azila ou Acîla[2].

ZILIA, ZILIS.
Azila.
ازيلة

L'identité des deux sites n'est pas douteuse, bien que Ptolémée place Zilia à trente minutes à l'est de l'embouchure du fleuve, ce qui a fait supposer à M. Vivien de Saint-Martin que la ville antique était située à une certaine distance de la côte. Nous savons par Pline que Zilis était bâtie sur le littoral même : « *In ora Oceani* colonia Julia Constantia Zilis. »

Le nom de Zilis ne paraît pas être libyen : c'est ce que semble indiquer la transformation qu'il a subie en passant dans la langue des indigènes : il est à remarquer, en effet, que la

---

[1] *Zilia* d'après Méla ; Ζῆλις et Ζέλης dans Strabon ; Ζιλία, Ζιλεῖαι, Ζειλία dans Ptolémée. Pline et l'*Itinéraire d'Antonin* donnent la forme *Zilis* qu'on retrouve également dans une inscription et qui paraît avoir prévalu. Les monnaies antiques attribuées à Zilis donnent la forme *Aslith*, אשלית.

[2] L'orthographe du nom d'Azila présente quelques variantes dans les géographes arabes. Abou Hassan el-Fâci écrit

Acîla, اصيلة ; El-Bekri donne la double forme Acila, اصيلا, et Acîla, اصيلي ; Édrisi donne également deux variantes, Acîla, اصيلا et Azîlâ, ازيلا. Les indigènes emploient indifféremment aujourd'hui la forme *Arzila*, qu'on trouve déjà dans Léon l'Africain, et la forme *Azîla* qui est évidemment la plus correcte, puisque c'est celle qui se rapproche le plus de la dénomination antique.

langue berbère s'assimile les noms étrangers en les faisant
précéder soit d'une voyelle, qui est le plus souvent un *a*,
quand il s'agit de substantifs masculins, soit d'un *t*, qui se
répète à la fin du mot, quand le substantif est féminin. Le
mot Azila, d'après cette loi constante des dialectes chleuh'
et amazigh, ne serait donc que la berbérisation du mot Zilia
ou Zilis qui appartiendrait dès lors à la nomenclature phénicienne.

Certains indices historiques d'ailleurs peuvent faire supposer que Zilis était d'origine punique. Nous savons par Strabon
que la plupart des colons de Julia Joza venaient de Zilis[1]; si
Julia Joza et Tingentera n'étaient qu'une seule et même ville,
comme certains auteurs le supposent, cette origine est certaine,
car Pomponius Méla affirme que Tingentera, sa ville natale,
avait été fondée par des Phéniciens transportés d'Afrique en
Espagne[2].

Strabon laisse entendre que l'émigration forcée à laquelle
Julia Joza a dû son existence eut pour conséquence le dépeuple-
ment de Zilis : il parle de cette dernière ville comme si elle
n'existait plus, ἦν δὲ καὶ Ζῆλις. Zilis ne cessa toutefois d'exister
que comme ville liby-phénicienne : le transport de ses habitants en Espagne était une mesure toute politique qui per-
mettait d'installer à quelques pas de Tingis une population
exclusivement romaine. Zilis fut, en effet, une des premières
colonies fondées par Auguste : Méla lui donne déjà ce titre
et Pline, en nous faisant connaître son nom complet, Colonia
Julia Constantia Zilis, constate en même temps qu'elle fut sous-

---

[1] III, 1, 8 : « Ἦν δὲ καὶ Ζῆλις τῆς Τίγγιος ἀσ]υγείτων, ἀλλὰ μετῴκισαν ταύτην
εἰς τὴν ϖεραίαν Ῥωμαῖοι, καὶ ἐκ τῆς Τίγγιος ϖροσλαβόντες τινάς..... »

[2] II, 11 : « Et quam transvecti ex Africa
Phœnices habitant, atque unde nos sumus,
Tingentera. »

traite à la domination des rois maurétaniens et rattachée à la
Bétique[1].

Placée à une époque postérieure sous la juridiction du gouverneur de Septa, Zilis tomba au pouvoir des Arabes l'an 94
de l'hégire (712). D'après Léon l'Africain, elle aurait été prise
d'assaut et complétement détruite deux siècles plus tard par
des pirates normands. Le récit de Léon est en contradiction
avec les détails circonstanciés que donne El-Bekri sur cette
période de l'histoire d'Azila. L'expédition des Normands, d'a-
près le géographe arabe, aurait eu lieu en 229 (843-844 de
notre ère) et se serait bornée à une double descente qui n'aurait même pas eu un caractère hostile. L'apparition des hommes
du nord aurait déterminé cependant les indigènes à construire
à Azila un *ribat* ou fort, défendu par une garnison qui se re-
nouvelait périodiquement, puis à entourer la ville elle-même
de murailles. L'enceinte actuelle d'Azila forme un parallélogramme à peu près régulier, mesurant 385 pas du nord au
sud, sur 260 de l'est à l'ouest. Le château, flanqué de deux
grosses tours polygonales, prolonge la face orientale de l'enceinte et couvre la moitié de la face septentrionale. Deux portes
donnent accès dans la ville : l'une s'ouvre dans le rempart du
nord, au pied du donjon carré qui domine l'angle sud-ouest
du château; l'autre sur la face occidentale de l'enceinte, à égale
distance de la tour ronde dè l'angle sud-est de la ville et de la
tour polygonale qui défend l'angle nord-est de la forteresse.

La régularité de ces dispositions prouve que l'enceinte et le
château ont la même origine et remontent par conséquent à
l'époque où El-Kassem Ibn Idris reconstruisit les remparts
d'Azila.

[1] V, 1 : « Colonia Augusti Julia Constantia Zilis, regum ditioni exempta et jura Bœti-
cum petere jussa. »

Le port, aux trois quarts ensablé par suite de la destruction de la digue qui le protégeait, n'abrite plus que quelques misérables barques de pêche.

Le périmètre de la cité antique était beaucoup plus étendu que celui de la ville moderne, à en juger par les nombreuses substructions qu'on rencontre dans les vergers qui entourent Azila. Ce sont, du reste, avec quelques médailles, les seuls vestiges qu'ait laissés Julia Constantia Zilis.

§ IV.

LIXUS.

Le nom de Lixus se présente, dans les textes anciens, sous des formes assez variées. Les monnaies de cette ville nous font connaître l'orthographe phéniciennne לכש, et une médaille portant la traduction grecque de ce même mot ΛΙΞ nous en donne la véritable prononciation, *Liks*[1]. Ptolémée donne cette même forme Λίξ. D'autres auteurs écrivent Λίγξ[2], Λύγξ[3] et Λίξα[4]; la forme Λίξος est la plus commune et se retrouve dans les formes latines *Lixus*, *Lixo*[5] et *Lixos*[6]. Une variante de la forme Λίγξ qu'on trouve dans Strabon a fait accuser ce géographe d'avoir confondu Lixus et Tingis. Ce reproche, formulé par M. Müller, tombe devant la lecture un peu attentive du passage incriminé.

« Lorsque l'on sort du détroit des Colonnes, dit Strabon, en laissant la Libye à gauche, on rencontre une montagne que les Grecs appellent Atlas et les Barbares Dyrin. De cette mon-

Λίξος, Lixus.
Tchemmich.
تشمّيش

---

[1] Movers (*Die Phönizier*, t. II, p. 450) suppose qu'on prononçait *Likch* : cette hypothèse nous paraît peu soutenable en présence de la tradition locale qui a perpétué jusqu'à nos jours la prononciation *leks* dans le nom actuel du fleuve *Loukkos*.

[2] Artémidore cité par Strabon. Ét. de Byzance.

[3] Ét. de Byzance.

[4] *Id.*

[5] Méla.

[6] Pline.

tagne se détache un promontoire qui forme l'extrémité occidentale de la Maurusie et qui a reçu le nom de Cotès. Non loin de là se trouve une petite ville appelée par les Barbares Τρίγξ, par Artémidore Λύγξ, par Ératosthène Λίξος. Elle est située en face de Gadès dont elle est éloignée de 800 stades; la même distance la sépare du détroit des Colonnes. »

Strabon, dans ce texte si clair, n'a nullement confondu Tingis et Lixus. La ville que les Barbares appellent Τρίγξ n'a rien de commun, dans sa pensée, avec Τίγγις à laquelle il consacre ailleurs un paragraphe spécial en lui donnant son véritable nom. La ville de Τρίγξ est pour lui identique à Lixus : c'est ce qui résulte jusqu'à l'évidence :

1° De la mention dans le texte de Strabon du nom de Λίξος donné par Ératosthène à cette même ville;

2° De la position que Strabon assigne à Τρίγξ en face de Gadès, alors qu'en parlant ailleurs de Tingis il place cette dernière ville en face de Belon;

3° De la double distance de 800 stades qui sépare Τρίγξ de Gadès et des Colonnes d'Hercule, indication aussi exacte pour Lixus qu'elle le serait peu s'il s'agissait de Tingis;

4° Enfin, de l'ordre dans lequel sont énumérées les différentes localités : Strabon procédant de l'est à l'ouest, Τρίγξ, indiquée comme étant au delà du cap Cotès, ne peut être Tingis située en deçà de ce même cap.

Strabon n'a donc pas confondu Tingis et Lixus, et la méprise des commentateurs ne s'excuse guère que par ce nom bizarre de Τρίγξ dans lequel, ne pouvant reconnaître Lixus, ils ont cru retrouver Tingis.

Ce nom s'explique pourtant, si nous ne nous trompons, et de la façon la plus simple : Τρίγξ n'est vraisemblablement que la forme libyenne du mot Λύγξ. Strabon le laisse entendre

implicitement en présentant ce mot comme une dénomination *barbare*, c'est-à-dire *indigène*, et en l'opposant à la forme
phénicienne, reproduite par Artémidore, comme à la forme
grecque adoptée par Ératosthène. Au point de vue grammatical Τρίγξ doit être effectivement la forme libyenne régulière
du mot Λίγξ. Parlée par les descendants directs des Libyens,
la langue berbère, ainsi que nous l'avons déjà fait observer,
s'assimile certains mots étrangers au moyen du préfixe T : il
est permis de supposer que la langue libyenne ne procédait
pas différemment; le mot punique Liks serait ainsi devenu
Tliks dans le dialecte indigène. Quant à la transformation
de Tliks en Triks, elle s'explique non-seulement par la permutation habituelle des deux liquides dans toutes les langues,
mais par une loi particulière aux dialectes berbères du Rif
qui substituent volontiers l'r à l'l [1].

L'emplacement de Lixus a été exactement déterminé par
Barth : la ville phénicienne était située, à quatre kilomètres
environ de l'embouchure actuelle du Loukkos, sur une colline
élevée qui domine la rive droite du fleuve et à laquelle les indigènes donnent le nom de Tchemmich. Très-escarpée au
nord-ouest et à l'ouest, où elle atteint sa plus grande hauteur,
cette colline s'abaisse graduellement à l'est et au sud, d'abord
par les ressauts très-accentués qui forment l'acropole, puis
par les pentes de plus en plus douces sur lesquelles s'étageait
la ville proprement dite.

Barth n'a pas exagéré les difficultés qui s'opposent à une
exploration complète des ruines de Lixus. La plus grande partie de l'*area* de la cité antique n'offre qu'un épais fourré de ca-
roubiers, de myrtes, de lentisques et d'oliviers sauvages qu'un

[1] C'est ainsi que le mot *Tellouzt*, amandier, devient *Tarouzit* dans le dialecte rifain;
aghioul, âne, *aghiour; tala*, fontaine, *tara*, etc.

lacis de ronces et de lianes achève de rendre absolument impénétrable sur plusieurs points. Ce n'est pas sans peine que j'ai réussi à suivre la ligne entière des murs et à traverser l'enceinte dans deux directions différentes, de façon à me faire une idée suffisamment exacte de l'ensemble des ruines.

Lixus se partageait en deux parties distinctes : la ville haute, située sur le plateau très-élevé que forme le massif septentrional de la colline, et la ville proprement dite, dont on retrouve les vestiges sur les pentes qui font face au nord-est et au sud. Il semble qu'il ait existé, en outre, au nord de la colline et sur les bords du fleuve, un faubourg assez considérable qui couvrait l'espace compris entre les escarpements de l'acropole et les hauteurs de Rekada.

La ville haute. L'enceinte de la ville haute forme un hexagone dont le développement est de près de 1,800 mètres. Le plus grand côté fait face au sud ; les cinq autres regardent l'ouest-nord-ouest, le nord-ouest, le nord-nord-est et l'est-nord-est.

Front sud de la ville haute. Il est impossible de suivre le front sud dans tout son développement, mais les pans de murailles qui dominent le fourré, de distance en distance, permettent de se rendre compte de la direction générale de cette partie de l'enceinte : de l'ouest à l'est, sur une étendue de 5 à 600 mètres, elle reliait les escarpements qui dominent le Lixus au versant opposé de la colline. A l'extrémité occidentale de cette muraille est adossé un édifice rectangulaire, voûté, mesurant 8m,30 sur 2m,50. Une seule porte, dont les pieds-droits sont formés par des assises de grandes dimensions, y donne accès. La voûte soutient une terrasse évidemment destinée à recueillir les eaux pluviales et près de cette construction, à droite, on remarque une sorte de puisard. Cet édifice, comme l'ensemble du front sud, appartient à l'époque romaine.

A partir de ce point, la muraille romaine de l'acropole longe, du sud-sud-ouest au nord-nord-est, sur une étendue d'une centaine de mètres, les escarpements qui dominent le cours du Loukkos et se rattache à l'enceinte phénicienne dont la construction offre un intérêt tout particulier. Formés de blocs énormes, soigneusement équarris et assemblés à sec, ces murs rappellent les plus anciens échantillons grecs du *pseudisodomon*; les pierres d'une même assise ont une hauteur uniforme, mais diffèrent de longueur : la plupart mesurent de 1 mètre à 1^m,50; quelques-unes de celles qui forment les angles saillants ont jusqu'à 3^m,50 de longueur sur 2 mètres de hauteur. (Voy. Pl. IV, fig. 1.)

Cette puissante muraille, haute encore à certains endroits de douze à quinze pieds, se prolonge sur une étendue de 150 mètres environ, forme un angle rentrant déterminé par un accident du terrain et se perd dans le fourré pour reparaître, à cent cinquante pas de là, sur le front nord-ouest. L'angle méridional de ce nouveau front est dans l'alignement du précédent (sud-sud-ouest — nord-nord-est). L'espace intermédiaire devait former un angle rentrant déterminé par la dépression qui sépare les deux lobes du plateau.

Le front nord-ouest, long de cent soixante-quinze pas, domine un escarpement d'une vingtaine de mètres prolongé par une pente assez rapide. Cette pente projette elle-même, au nord-nord-ouest, un mamelon rattaché au massif de l'acropolis par une forte muraille, de construction romaine, qui paraît avoir formé, du côté de l'est, les défenses du faubourg dont j'ai parlé plus haut.

Le front nord-nord-est de l'enceinte phénicienne, contigu au précédent, est de même longueur.

Le front nord-est offre également la même étendue et se termine par une tour carrée.

Front nord-nord-ouest.

Murs phéniciens.

Front nord-ouest.

Front nord-nord-est.

Front nord-est.

Le front est-nord-est suit la déclivité du plateau et n'offre d'abord qu'une ligne confuse de décombres, envahie par d'épaisses broussailles; mais le mur ne tarde pas à reparaître et forme bientôt un angle saillant aussi remarquable par la dimension et la régularité de ses assises que la partie de l'enceinte qui lui correspond de l'autre côté de l'acropole. La plupart des blocs ont $1^m,25$ de longueur sur 75 centimètres; à 75 mètres de ce saillant, la muraille phénicienne rencontre, à angle droit, le mur romain qui achève de circonscrire, au sud, l'hexagone de la citadelle.

Il est extrêmement difficile, nous l'avons déjà dit, de pénétrer dans l'enceinte même de la ville haute. Les seules ruines que j'aie pu y observer, outre les citernes décrites par Barth, sont celles d'une construction semi-circulaire, bâtie en pierres de grand appareil, et s'élevant encore de 5 à 6 mètres au-dessus du sol. La corde de ce débris d'abside m'a paru mesurer 6 mètres : le diamètre de l'abside entière pouvait en avoir 8.

A deux ou trois cents pas plus loin, dans l'ouest, une fouille pratiquée par des chercheurs de trésors laisse voir, à une profondeur de quatre pieds, un fragment de *pavimentum* et la partie inférieure d'une colonne engagée. Les décombres accumulés paraissent avoir atteint une épaisseur de près de 2 mètres dans certaines parties de la ville haute : sur d'autres points, j'ai recueilli, à fleur de sol, des clous de bronze, des fragments de verre et des débris de poterie remarquables par la finesse de la pâte et l'élégance de l'ornementation; l'un de ces tessons porte les premières lettres d'une marque :

C'est peut-être au système de défense de l'acropole phénicienne, et très-certainement au genre de construction qui le
caractérise, que se rattache un monument assez singulier situé
au-dessous et à peu de distance du point où l'enceinte primitive se relie à la muraille romaine du front méridional. Cette
construction, que les indigènes appellent *El-Kantara* « le pont »,
présente, au-dessus du sol, l'aspect d'une plate-forme rectangulaire dont le plus grand diamètre est orienté du nord-ouest
au sud-est. Haute de 1^m,5o sur la face sud-ouest, et d'un
mètre seulement sur la face opposée, elle est formée par un
certain nombre de blocs gigantesques recouverts d'énormes
dalles brutes. La face sud-ouest présente quatre blocs mesurant ensemble 8^m,8o : le plus considérable a 2^m,64 de longueur. La face nord-est est incomplète et n'offre que deux blocs
de 2 à 3 mètres. Au nord-ouest la plate-forme disparaît sous
la déclivité du sol. Au sud-est, au contraire, le terrain
s'abaisse et permet de constater que la plate-forme est traversée dans toute sa longueur par un couloir assez large et assez
haut, bien qu'en partie comblé, pour qu'il soit possible d'y
pénétrer en rampant. L'ensemble de l'édifice peut être com-
paré à une série de dolmens juxtaposés, ou pour mieux dire à
une « allée couverte ». Les dalles qui forment la voûte du couloir n'offrant à leur surface supérieure aucune trace du travail
de l'homme, on serait tenté, au premier abord, de voir dans
cette étrange construction un monument de l'architecture mégalithique. En l'observant plus attentivement, on peut se convaincre qu'elle est l'œuvre d'un art plus avancé : la partie an-
térieure de la grande dalle qui forme, sur la face sud-est, la
voûte du couloir a été évidemment aplanie au marteau et
présente quelques traces de ciment. Les parois du couloir, en
outre, offrent deux ou trois assises de pierres régulièrement

taillées et il est probable que d'autres assises sont cachées par les décombres. Le couloir peut avoir de 5 à 6 mètres de longueur jusqu'au point où il est complétement obstrué par un éboulement.

Une longue ligne de blocs isolés, ou assemblés en *opus incertum*, part de l'angle nord-est de la plate-forme et se dirige au sud-est : elle ne tarde pas à se rompre et le terrain ne présente plus, à trente pas du couloir, qu'un pêle-mêle de pierres énormes dispersées dans toutes les directions [1].

La ville basse. L'enceinte de la ville basse ne paraît pas remonter au delà de l'époque romaine. A partir de l'édifice voûté qui marque l'angle sud-ouest de la ville haute, la muraille longe les escarpements de l'ouest et descend jusqu'à l'extrémité de la pointe aiguë que projette, au sud-ouest, le massif de Tchemmich. Elle prend ensuite la direction de l'est-quart-nord-est, puis celle de l'est-nord-est et du nord-est, et s'arrête à une muraille de rochers qui formait, du nord-ouest au sud-est, une défense naturelle. Au delà, et jusqu'à la pointe orientale du massif de Tchemmich, on ne trouve aucune trace appréciable de l'enceinte, pas plus que sur les pentes qui regardent le nord-est, bien que de nombreuses substructions et les débris de tuiles, de briques et de poteries dont ces pentes sont couvertes attestent que la ville s'étendait jusque-là. Je serais donc tenté de croire, bien qu'il m'ait été impossible de m'en assurer, que le

---

[1] On a trouvé tout près de ces ruines, il y a quelques années, un cône taillé dans une pierre très-dure et complétement inconnue dans le pays. Ce débris a été malheureusement perdu au vice-consulat d'Italie à El-Araïch, où il avait été déposé; mais d'après la description qu'on m'en a donnée le cône de Lixus était semblable, comme forme et comme dimensions, à celui qui existe encore à Malte, dans la tour des Géants. On peut donc le considérer comme une de ces מצבות consacrées à Baal. Peut-être cette idole provenait-elle de l'édifice primitif que nous venons de décrire et qui représenterait alors un des plus anciens sanctuaires de la Lix phénicienne.

mur d'enceinte montait de la muraille rocheuse dont j'ai parlé jusqu'à l'angle sud-sud-est de l'acropole. Précisément sur ce dernier point un pan de mur très-puissant fait un angle droit avec le front sud de la ville haute et peut être considéré dès lors comme l'amorce de la partie orientale de l'enceinte de la ville basse.

La ligne méridionale de cette même enceinte suit exactement la base de la colline de Tchemmich et plonge en quelque sorte dans l'étroite plate-bande, formée d'alluvions récentes, qui la sépare du Lixus. Il est permis de supposer que ces murs étaient baignés par le fleuve à l'époque romaine; on peut l'affirmer tout au moins pour la portion de l'enceinte

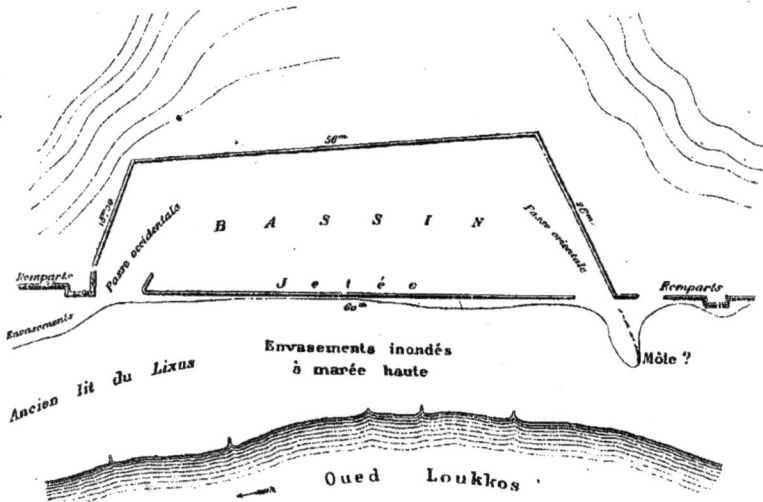

Ruines de Lixus. — Port intérieur de Lixus.

la plus rapprochée du Loukkos. Sur ce point, en effet, la plate-bande est formée de vases périodiquement inondées qui s'étendent jusqu'aux murailles et dessinent une sorte de baie.

L'enceinte elle-même, à cette hauteur, s'infléchit vers l'intérieur de la ville et encadre un bassin affectant la forme d'un trapèze dont le sommet mesure 56 mètres, le plus petit côté, celui de l'ouest, $18^m,5o$, et le plus grand, 26 mètres. La base du trapèze est représentée par une jetée courant dans l'alignement des remparts dont elle est séparée par deux passes de 5 à 6 mètres d'ouverture. L'extrémité occidentale de cette jetée se prolonge à angle aigu vers l'intérieur du bassin. Un mouvement de terrain semble indiquer, en outre, l'existence d'un môle perpendiculaire au cours du fleuve et placé dans le prolongement du plus grand côté du trapèze. L'ensemble de ces dispositions constituait évidemment le port particulier de Lixus, le fleuve offrant d'ailleurs, de ce port jusqu'à son embouchure, un mouillage capable de recevoir des milliers de navires.

Il est certain, du reste, que l'isthme étroit qui relie aujourd'hui au massif de Tchemmich la seconde des trois presqu'îles formées par les dernières boucles du Loukkos n'existait pas à l'époque romaine[1]. Une série de marécages, inondés à chaque marée, s'étend d'une des courbes du fleuve à l'autre et représente un ancien canal, naturel ou creusé par la main de l'homme. La communication ainsi établie entre les deux courbes du fleuve, à travers un isthme de 600 mètres à peine, épargnait aux navires qui avaient remonté le Lixus jusque sous les rochers de l'acropole le trajet de près de 6 milles romains qu'ils auraient eu encore à parcourir pour atteindre les quais

---

[1] J'ai donné à la plus orientale de ces presqu'îles le nom de presqu'île de Sidi Oueddar, du nom d'une koubba située sur la hauteur dont le prolongement constitue l'isthme de cette presqu'île. J'appellerai la seconde, pour une raison analogue, presqu'île de Tchemmich, et je désignerai la troisième, qui se rattache comme la première aux hauteurs méridionales du bassin du Loukkos, sous le nom de El-Khlidj, que lui donnent les indigènes, ou de presqu'île de l'Estuaire.

de la ville basse. La presqu'île de Tchemmich était donc une île proprement dite à l'époque phénicienne.

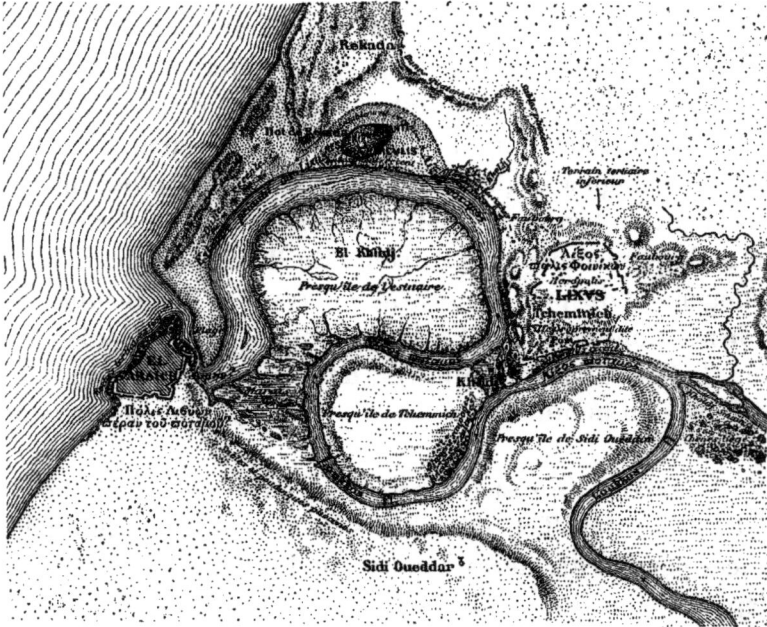

Plan de l'estuaire du Lixus.

Était-ce l'île fameuse que les anciens plaçaient dans l'estuaire du Lixus[1]? Doit-on, au contraire, chercher cette île, le Jardin des Hespérides et l'autel d'Hercule, dans la presqu'île la plus occidentale, qu'on peut considérer elle-même comme une île puisqu'un bras mort du Loukkos, inondé dans les grandes marées, la sépare des hauteurs d'El-Araïch? Faut-il enfin la chercher sur un autre point de l'estuaire du Lixus?

Avant d'aborder ce problème, que Barth n'a même pas

Le Jardin des Hespérides. L'autel d'Hercule

[1] Plin. V, I.

essayé de résoudre [1], il est essentiel de se reporter aux textes
anciens qui en fournissent les principales données : nous re-
chercherons ensuite ce que devait être l'estuaire à l'époque
phénicienne et jusqu'à quel point les détails donnés par les
textes peuvent concorder avec sa physionomie primitive et se
retrouver dans sa configuration actuelle.

Après avoir fait allusion aux légendes merveilleuses dont
l'antiquité plaçait le théâtre à Lixos [2], Pline ajoute :

« La mer y pénètre dans un estuaire à trajets sinueux : aujourd'hui on explique le dragon et sa garde par cette disposition des lieux. Dans cet estuaire est une île qui, bien qu'un
peu plus basse que le reste du terrain avoisinant, n'est pas
cependant inondée à la marée montante [3]; on y voit un autel
d'Hercule, et du célèbre bois qui produisait des pommes d'or
il ne reste que des oliviers sauvages [4]. »

[1] *Wanderungen*, p. 22 : « Eine Insel
aber sah ich hier nicht, und diejenige,
welche von etwa 500 Schritt Breite und
deren 100 Länge in der Mündung des
Flusses liegt und dieselbe so äusserst ver-
engt, entspricht auch wohl nicht der im
Alterthum so fabelhaft gepriesenen fla-
chen Insel, mit herrlichen Gärten bedeckt,
die eben, in späterer Zeit wenigstens,
den Namen der weltberühmten und un-
stäten Hesperides in Anspruch nahmen. »

[2] V, I. « .... Lixos, vel fabulosissime
antiquis narrata. Ibi regna Antæi, certa-
menque cum Hercule; et Hesperidum
horti. »

[3] Strabon (XVI, III) parle également,
à titre de fable, il est vrai, d'un autel
d'Hercule que la marée respectait dans des
conditions aussi merveilleuses; mais il le
place dans le Κόλπος ἐμπορικός, bien au-
dessous de Lixus par conséquent.

[4] Plin. *ibid.* : « Affunditur æstuarium e
mari flexuoso meatu in quo draconis cus-
todiæ instar fuisse nunc interpretantur.
Amplectitur intra se insulam quam solam
e vicino tractu aliquanto excelsiore non
tamen æstus maris inundat. Exstat in ea et
ara Herculis, nec præter oleastros aliud
ex narrato illo aurifero nemore. »

Cf. Solin. XXIV :

« .... Flexuoso meatu æstuarium e
mari fertur adeo sinuosis lateribus tortuo-
sum, ut visentibus procul lapsus angueos
fracta vertigine mentiatur : idque quod
hortos appellavere circumdat. »

« .... Sed hæc insula insinuata sini-
bus alvei recurrentis, et in quibusdam
æquoris spiris sita, præter arbores oleas-
tri similes, et aram sacram Herculi, aliud
nihil præfert quo propaget vetustatis me-
moriam... »

« .... Illud magis mirum quod solum

En parlant ailleurs d'une mauve arborescente qui croissait dans l'estuaire du Lixus, Pline précise l'emplacement traditionnel du Jardin des Hespérides et de l'autel ou du temple d'Hercule : il évalue à 200 pas la distance qui le séparait de la mer [1].

Cette dernière donnée, qui semble inconciliable, au premier abord, avec la configuration actuelle des lieux, s'explique par les modifications que le cours des siècles a apportées dans cette partie du littoral. Il n'est pas douteux que l'embouchure du Loukkos n'ait subi un déplacement considérable du nord au sud. Le Lixus, à l'époque romaine, se jetait dans l'Océan sous les hauteurs de Rekada. Les dunes qui prolongent aujourd'hui ces hauteurs n'existaient pas alors, pas plus que la plage très-basse qui s'y rattache, et l'estuaire du fleuve, réduit actuellement à l'étroit canal que dominent, au sud, les

inferiore licet libra depressius nunquam tamen accessu freti superlabitur, sed obstaculo naturalis repaguli in ipsis marginibus hæret unda et intimis orarum superciliis sponte fluctus ingrui resistuntur; spectandum nimirum ingenium loci, planities manet sicca, quamvis prona superveniant æquora. »

Un fait tout personnel m'a expliqué l'origine de cette croyance d'après laquelle l'île des Hespérides, bien que située au-dessous du niveau de l'Océan, aurait été respectée par les flots. En traversant, dans une de mes explorations, les bas-fonds du Tahaddart, inondés à marée haute, et semblables à ceux de l'estuaire du Lixus, il m'a paru, à un certain moment, que le périmètre de ces bas-fonds était sensiblement plus élevé que le point central que j'occupais : il me semblait, en d'autres termes, que je me trouvais au

fond d'un entonnoir dont le point central était en même temps le plus bas. L'illusion était tellement forte que j'ai dû, pour me convaincre matériellement d'une erreur que je soupçonnais tout en la subissant, constater que les traces laissées par la marée sur la vase convergeaient, du point où je me trouvais, vers le thalweg réel des bas-fonds; que ce point, par conséquent était plus élevé que les parties qui semblaient le dominer. Il ne me paraît pas douteux qu'une hallucination de ce genre, acceptée par des esprits avides de merveilleux, ait été le point de départ de la fable que nous ont transmise Pline, Solin et Strabon.

[1] XIX, xxii : « .... Sed et arbor est malva in Mauretania Lixi oppidi æstuario, ubi Hesperidum horti fuisse produntur cc pass. ab Oceano, juxta delubrum Herculis..... »

falaises d'El-Araïch, s'étendait de ces mêmes falaises aux dunes anciennes de Rekada.

Les recherches auxquelles s'est livré M. le Dʳ Bleicher ont pleinement confirmé les conjectures que j'avais formées dès le principe à cet égard. « L'étude de la langue de sable qui s'étend, dans la direction du sud-ouest, des hauteurs de Rekada jusqu'à l'embouchure actuelle du Loukkos, démontre que ce *barrage* qui détourne son cours n'a pas toujours existé. Cette langue de sable n'est en réalité qu'un appendice du cordon littoral sableux de la côte, ayant les caractères modernes : c'est à peine, en effet, si de rares plantes s'y sont fixées, tandis que sur les dunes anciennes on trouve toute la flore habituelle des sables, ombellifères, euphorbiacées, légumineuses humifuses. Rien n'empêche donc d'admettre que, depuis les temps historiques, l'embouchure du Loukkos, d'abord simplement barrée par des bancs de sable sous-marins, peut-être même par un banc ou îlot à sec à marée basse, a été peu à peu ensablée et que la passe est descendue progressivement du nord vers le sud, jusqu'au point où nous la trouvons actuellement. L'existence des bancs de sable sous-marins n'est d'ailleurs pas une pure hypothèse : il est logique d'admettre que les bancs puissants de grès très-relevés du terrain tertiaire (inférieur?) qui bordent le littoral à la pointe d'El-Araïch, et bien au delà vers le sud, se continuent sous la mer vers le nord-est. Ces rochers sous-marins, formant arête sous les flots, ont fort bien pu servir de support aux sables dont l'accumulation a fini par produire d'abord des barrages sous-marins percés de passes, puis des îlots que l'apport continuel du sable a transformés en une presqu'île reliée aux dunes anciennes. Il suffit, pour que cette transformation s'opère, que les vents de nord-ouest prédominent pendant une série d'années et qu'un apport considérable de sable s'effectue. Ces deux conditions ne se réalisent que trop souvent sur cette côte où la tendance à la formation des dunes est constante et où leur progression peut être constatée tous les jours[1]. »

Le déplacement, ou pour mieux dire le rétrécissement de l'embouchure du Loukkos, n'est pas le seul changement dont on puisse constater la trace. Des indices analogues autorisent à affirmer que le cours même du fleuve a subi des modifications entre son embouchure primitive et le massif rocheux de Tchemmich. La carte jointe à ce mémoire indique, dans le cours primitif du Lixus, des sinuosités qui n'existent plus aujourd'hui et dont la principale correspondait à la courbe formée par les dunes quaternaires qui se rattachent à la colline de Tchemmich, ainsi que par les dunes anciennes de Rekada. Le cours du Lixus, à cette hauteur, renfermait une petite île que je désignerai sous le nom d'îlot de Rekada, et qui forme un accident de terrain très-remarquable au-dessus des alluvions récentes qui l'entourent.

Cet îlot, situé aujourd'hui à une centaine de mètres de la rive droite du Loukkos, présente l'aspect d'un mamelon élevé de 5 mètres environ au-dessus du fleuve. Les asphodèles, les borraginées et les graminées qui le recouvrent indiquent un sol exondé de longue date et bien différent des parties avoisinantes qui ne présentent qu'une fort maigre végétation. La physionomie insulaire du mamelon est complétée par le contraste qu'offre son sol cultivable avec les envasements ré-

Îlot de Rekada

---

cents qui ont comblé le bras méridional du Lixus, et les sables
qui ont fait disparaître le bras septentrional.

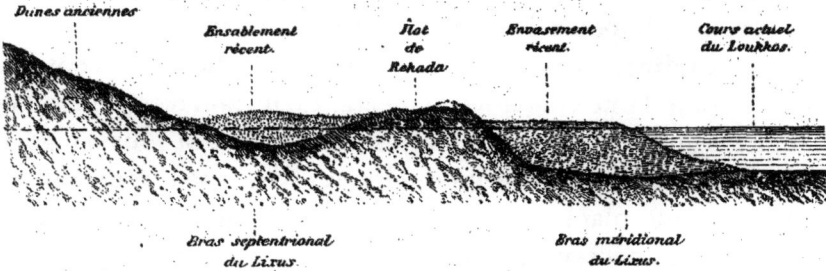

L'îlot de Rekada est surmonté d'un tumulus surbaissé sur
la plate-forme duquel on remarque les vestiges d'une sub-
struction antique, de forme rectangulaire. Un des côtés a disparu; les trois autres, mesurant chacun $19^m,80$ de longueur
sur 1 mètre d'épaisseur, ne dépassent pas le niveau du sol
et sont formés par une triple rangée de gros moellons, grossièrement équarris et placés de champ. Cette disposition des
matériaux se retrouve, du reste, dans la plupart des constructions antiques que j'ai trouvées dans l'intérieur du Maroc et
que je n'ai pu rattacher ni à l'époque romaine ni aux périodes
suivantes. Il existe notamment sur le plateau de Zeggôta, entre
le Tselfat et le Zerhoun, toute une enceinte de ville, ou de
camp retranché, construite dans le même appareil.

Situé au milieu de l'estuaire du Lixus, à une distance de
l'embouchure primitive du fleuve précisément égale à celle
que Pline indique entre la mer et l'emplacement du Jardin
des Hespérides, l'îlot de Rekada satisfait aux données topographiques du problème que nous essayons de résoudre, tandis
que ces mêmes données sont inapplicables soit à la presqu'île
d'El-Khlidj, soit à celle de Tchemmich. La constitution géologique de ces deux presqu'îles et la végétation qui les carac-

térise rendent plus improbable encore l'hypothèse qui y placerait la forêt aux pommes d'or. Le sol de la presqu'île de Tchemmich est sableux et présente le caractère des formations d'estuaire plutôt marines que fluviales. On y trouve surtout des plantes salines, salicornes et soudes, et la flore n'y contient guère plus d'une vingtaine d'espèces. Le terrain n'est cultivable que sur un seul point, au sud-est, sur la rive la plus éloignée de la mer; on y remarque quelques oliviers sauvages, rabougris, et une plantation abandonnée de fèves de marais. Bien que ces oliviers sauvages rappellent ceux que Pline représentait comme les seuls débris végétaux du Jardin des Hespérides qui subsistassent de son temps, la pauvreté du sol ne permet guère de supposer que l'*auriferum nemus* ait jamais ombragé même ce coin relativement privilégié de la presqu'île de Tchemmich.

L'hypothèse qui placerait le Jardin des Hespérides dans l'île d'El-Khlidj est moins admissible encore au point de vue botanique. « Ici », dit M. le Dr Bleicher, « le caractère marin est évident : le sol est sableux, spongieux, et s'élève à peine, à marée basse, de 70 centimètres au-dessus du niveau du fleuve. La végétation n'a pas encore pris possession complète de l'île. C'est à peine si cinq ou six plantes peuvent y vivre aisément[1]. Les khlidj, à l'époque des équinoxes, sont en grande partie recouverts par la marée ainsi que le prouvent les crabes que nous y avons trouvés, à la fin de mars, accrochés aux branches des salicornes, à plus de 200 mètres des bords. De plus, l'île est entamée de tous côtés par des canaux vaseux dans lesquels pénètrent les plus basses marées. L'existence d'une forêt d'orangers dans ce sol mouvant et impropre à toute culture est complétement impossible. »

---

[1] *Plantago macrorhiza*, *Salicornia fruticosa*, deux graminées et une orobanche parasite.

Il ne reste donc en présence que les deux hypothèses qui placent le Jardin des Hespérides soit dans la seule partie cultivable de la presqu'île de Tchemmich, soit dans l'îlot de Rekada. Abstraction faite des considérations géologiques et botaniques qui ne permettent guère d'admettre la première, la seconde a incontestablement pour elle l'indication la plus précise que nous ait laissée l'antiquité sur la situation de l'île d'Hercule, et c'est dans l'îlot de Rekada qu'on peut placer avec le plus de vraisemblance et l'autel du demi-dieu et la forêt aux fruits d'or qui l'entourait.

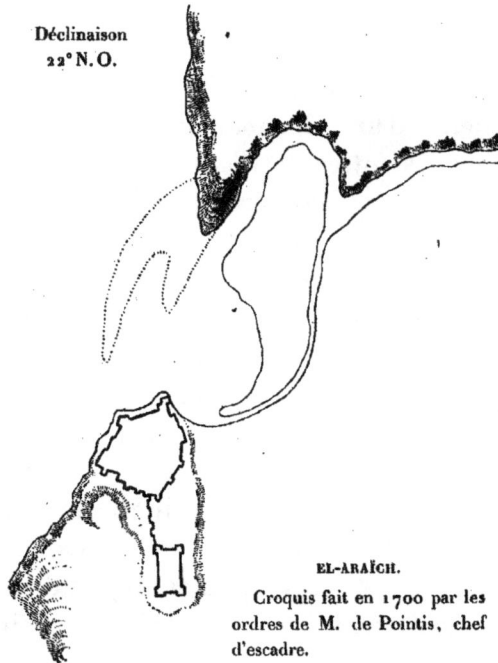

Déclinaison
22° N.O.

EL-ARAÏCH.
Croquis fait en 1700 par les
ordres de M. de Pointis, chef
d'escadre.

La ville libyenne
El-A'râich.
العرايش

Scylax, après avoir nommé Lixos « colonie phénicienne », indique, dans le voisinage, au delà du fleuve, une ville libyenne avec un port[1]. Barth suppose que cette ville, — qu'il appelle on ne sait trop pourquoi la Lix libyenne puisque le nom de Lix n'est pas libyen, — occupait l'emplacement où s'élève aujourd'hui El-Araïch[2]. Cette conjecture n'a rien que de très-vraisemblable; la fertilité du territoire d'El-Araïch a toujours dû attirer sur ce point une population sédentaire. La pointe d'El-Araïch fournit en outre un abri contre les vents d'ouest et de nord-ouest, si redoutables sur cette côte, et forme ce port que le Périple donne à la ville anonyme qui s'élevait en face de Lixus.

§ V.

MULELACHA.

Un fragment du Périple de Polybe, cité par Pline, nous a révélé l'existence d'une ville maritime, Mulelacha, sur laquelle se taisent tous les autres documents de l'antiquité. Mulelacha était située sur un promontoire entre Lixus et le Subur[3]. C'est tout ce que nous en apprend l'extrait de Pline, mais ces quelques mots suffisent heureusement pour nous permettre de retrouver cette position. La pointe de Moula bou Selham est le seul accident que présente le littoral entre El-Araïch et l'embouchure du Sbou, le seul point, par conséquent qui satisfasse à l'indication de Polybe. Moula bou Selham présente d'ailleurs, par sa situation, des avantages dont les Phéniciens ne pouvaient manquer de tirer parti. Cette localité offre, ou, pour mieux dire, offrait dans l'antiquité et jusque dans le moyen âge un des ports les plus vastes et les plus sûrs du littoral maurétanien.

Par suite de sa configuration, la côte occidentale du Maroc

MVLELACHA.
Moula Bou
Selham.
مولى بو سلهام

---

[1] « ...Καὶ πόλις Φοινίκων Λίξος, καὶ ἑτέρα πόλις Λιβύων ἐστὶ πέραν τοῦ ποταμοῦ καὶ λιμήν. »

[2] *Wanderungen*, p. 21.

[3] Pline, V, VIII : « ...Ab eo Lixum... inde sinum qui vocetur Saguti. Oppidum in promontorio Mulelacha. Flumina Subur et Salam. »

n'a jamais possédé de ports proprement dits : exposée aux vents dominants du nord-ouest et du sud-ouest, elle ne présente aucune saillie assez considérable, aucune découpure assez profonde pour fournir un mouillage réellement abrité. Tanger, Azila, Dar el-Beïda, Mazaghan, Asfi, Mogador ne sont et n'ont jamais été que des rades foraines. El-Araïch, Mehdiya, Sla, Azemmour, situées à l'embouchure de grands cours d'eau, possédaient seuls autrefois de véritables refuges formés par les profonds estuaires du Loukkos, du Sbou, du Bou Ragrag et de l'Oum er-Rbia. Ces estuaires toutefois se sont ensablés avec le temps et présentent aujourd'hui ou des barres à peu près infranchissables, comme celles de l'Oum er-Rbia et du Sbou, ou des passes de plus en plus difficiles à franchir, comme celles du Loukkos et du Bou Ragrag. Le port de Mulelacha offrait autrefois les mêmes avantages et a cessé d'exister par suite des mêmes circonstances.

D'El-Araïch jusqu'à l'embouchure du Sbou, le littoral est formé par un ourlet rocheux de 70 à 80 mètres d'élévation, en moyenne. Cet ourlet s'ouvre à la hauteur de Moula bou Selham, pour donner passage, par une assez large coupure, aux eaux d'une vaste lagune que les indigènes appellent *Merdja' ez-Zerga*, le lac bleu, et dans laquelle se jette une rivière assez considérable, l'*Oued Drader*, la rivière des ormeaux. Très-profonde et parfaitement abritée, la Merdja' ez-Zerga formait autrefois un golfe intérieur et c'est ainsi que la représentent les anciens portulans[1]. Ce n'est qu'à une date relativement récente que les sables, en s'accumulant dans la coupure, ont formé une barre qui ne permet plus aux bâtiments de pé-

[1] Notamment la carte catalane qui lui donne le nom de Moxmar dont les documents postérieurs ont fait Maxmora et Mamora, désignation complétement inconnue dans le pays.

nétrer dans la lagune tout en offrant encore assez de profondeur pour rendre le passage également impraticable aux caravanes qui suivent le littoral.

La pointe de Moula bou Selham s'élève à 76 mètres au-dessus de l'Océan. Elle plonge dans l'estuaire de la Zerga par une
série d'escarpements formés d'un tuf calcaire, et détache, dans
la direction du sud-est, une arête rocheuse qui fait saillie dans
le bassin de la lagune. L'extrémité de cette plate-forme allongée est couverte de ruines qui présentent les mêmes caractères
que l'enceinte méridionale de Lixus. Les indigènes les désignent sous le nom de *Soueïr* ou *Souïar*[1], terme générique qu'ils
appliquent à tous les débris antiques auxquels ne se rattache
pas une tradition précise.

Situées à dix minutes environ de la colline de Moula bou
Selham, ces ruines représentent très-vraisemblablement l'ancien port de Mulelacha. Quant à la ville elle-même, elle devait
occuper le sommet et les pentes occidentales de la colline. Il
n'en reste aujourd'hui aucun vestige apparent : les derniers
débris ont dû disparaître sous les sables auxquels la piété mu-
sulmane dispute à grande peine, chaque année, le sanctuaire
tout particulièrement vénéré de Moula bou Selham.

M. C. Müller avait déjà proposé la synonymie que nous
tenons pour certaine. M. Vivien de Saint-Martin hésite entre
Moula bou Selham et le Ras Seouïr qu'il considère, sur la foi
de renseignements erronés, comme satisfaisant à la donnée
essentielle du texte de Polybe. La côte n'offre en réalité aucune
saillie appréciable au Ras Seouïr : le mot *ras* n'a même pas,
dans ce composé, le sens de « promontoire » : il est employé
dans le sens de *caput* et indique simplement, comme dans le
mot *Ras ed-Doura*, que nous rencontrerons bientôt, le « com-

[1] Diminutif pluriel du mot *sour*, rempart.

mencement d'une région ». La dénomination de *Soueïr* (et non pas *Seouir*, ainsi que l'écrivent nos cartes) est effectivement étendue, par les indigènes, à tout le bassin de l'Oued Soueïr qui doit lui-même son nom aux ruines de la station romaine de Frigidæ, voisine de ses sources.

§ VI.

LE SUBUR. — THYMIÀTÉRIA. — LE SINUS SAGUTI.

Κρᾶσις ποταμός,
Scyl.
SVBVR, Fl.
Sbou.
سبو

A six milles environ au sud de Moula bou Selham, l'ourlet rocheux que nous avons décrit projette vers l'est, tout en gardant sa direction jusqu'à l'embouchure de Sbou, une arête qui le rattache aux collines du Gharb et achève d'isoler le bassin de la Merdja ez-Zerga[1]. Les collines du Gharb se relient elles-mêmes aux contre-forts méridionaux du Rif qu'une série de hauteurs[2] rattache également aux massifs de Guerouân et des Zemmour Chleuh' dont le prolongement sépare le bassin du Bou Ragrag de celui du Sbou et forme, à l'embouchure de ce dernier fleuve, sur la rive gauche, le plateau escarpé de Mehdiya.

Cet amphithéâtre de montagnes circonscrit une plaine immense qu'une tradition locale, recueillie par Marmol, affirmait avoir été couverte autrefois par les flots de l'Océan[3]. Élevée de quelques mètres à peine au-dessus du niveau de l'Atlantique, elle n'offre, dans une étendue de vingt lieues, de l'ouest à l'est, de douze ou quinze du nord au sud, aucune

---

[1] Le col par lequel on franchit cette arête porte le nom de Dar el-Khrici.

[2] Collines d'Aïn Felfel et d'Aïn Ksab, Djebel Dol, El-Bibân, Djebel Kort, Djebel Outita, Djebel Kafès.

[3] Marmol, t. II, p. 3o5. « On la nomme *Asgar* ou « Mer fuyante » parce qu'on dit qu'elle estoit autrefois couverte de la mer. » *Asghar*, en berbère, signifie « plaine ».

ondulation de terrain, aucun accident appréciable : à peine
le regard est-il arrêté par le profil bleuâtre des hauteurs qui
la limitent.

C'est au milieu de ce vaste bassin que se déroule majes-
tueusement le cours inférieur du Sbou, le plus grand cours
d'eau de l'Afrique septentrionale après le Nil : large de trois
cents mètres, le fleuve roule entre deux berges à pic, semblables à des falaises, ses eaux bourbeuses comme celles du
Tibre, et justifie par son aspect imposant cette épithète de
magnificus que Pline a sans doute empruntée aux récits des
premières expéditions romaines[1]. Son nom phénicien *Soubour*
semble faire allusion à la masse de ses eaux[2]. Le nom libyen
ne nous est pas parvenu; peut-être le retrouverait-on sous celui de Κράϐıς que lui donne Scylax, ou plutôt encore sous la
forme Κράθıς employée par Mnaseas[3] : les mots *Kert* ou *Kerdh*
se rencontrent, comme noms de rivières, dans la nomenclature géographique du Rif, pays essentiellement berbère, et
l'une des hauteurs les plus remarquables qui dominent au nord
le bassin du Sbou porte ce même nom de *Kert* ou *Kort*. L'hypothèse que nous hasardons expliquerait comment le Périple
a pu donner au Subur un nom si différent de celui qu'il tenait des Phéniciens.

Quel que soit, du reste, le degré de vraisemblance de cette
conjecture, l'identité du Subur et du Crabis ne saurait être
mise en question : elle résulte du texte même du portulan grec
qui nomme immédiatement après Lixos « le fleuve Crabis avec
un port et la ville phénicienne appelée Thymiatéria » : Μετὰ

---

[1] V, 1 : « Amnis Subur,... magnificus
et navigabilis. »

[2] Schröder traduit le mot שָׁבוּר par *Wel-
lenbruch.*

[3] Pline, XXXVII, xı : « ..... Mnaseas
Africæ locum Sicyonem appellat, et Crathin, amnem in Oceanum effluentem e
lacu. »

δὲ Λίξου Κράϐις ϖοταμὸς καὶ λιμὴν καὶ ϖόλις Φοινίκων Θυμιατηρία ὄνομα.

Cette triple indication ne s'applique pas, comme on l'a supposé[1], à deux ou trois positions successives : le redoublement
de la conjonction, καὶ λιμὴν καὶ ϖόλις, indique les divers traits
caractéristiques d'une seule et même localité : le port et la ville
de Thymiatéria se trouvaient évidemment à l'embouchure du
fleuve, et comme Thymiatéria ne peut être elle-même que la
ville berbère de Mehdiya, située à l'embouchure du Sbou, la
correspondance du Crabis de Scylax et du Subur phénicien
n'est pas douteuse.

L'estuaire du Sbou reproduit, dans de plus grandes proportions, les caractères que nous avons constatés dans celui
de Moula bou Selham. Comme à Moula bou Selham, la ligne
des collines qui forment le cordon littoral s'interrompt pour
donner passage aux eaux de l'intérieur : le fleuve se jette dans
l'Océan par une large coupure dans laquelle plongent, au sud,
les hauteurs escarpées sur lesquelles s'élève Mehdiya. L'estuaire lui-même, comme la lagune de Merdja ez-Zerga, formait, il y a trois siècles à peine, un des plus beaux ports du
littoral. Le Sbou subit jusqu'à une très-grande distance l'influence de la marée et pouvait, avant que son embouchure
fût ensablée, abriter des flottes entières dans ses vastes replis.

Θυμιατηρία, Hann.
Θυμιατήριον, Scyl.
Mehdiya.
المهدية

Une situation aussi avantageuse ne pouvait manquer d'attirer l'attention de Carthage. L'exploration d'Hannon marque
la date même de la fondation de Thymiatéria : c'est le premier
fait que signale l'expédition punique.

« Après avoir franchi les Colonnes, dit le Périple, et navi-

---

[1] M. Vivien de Saint-Martin, entre autres, suppose que l'auteur du Périple place
le Crabis et Thymiatéria sur deux points différents, ce qui l'amène à identifier,
contre toute vraisemblance, Thymiatéria
à Rabat.

gué environ deux journées, nous fondâmes une première ville
à laquelle nous donnâmes le nom de Thymiatérium. Elle dominait une grande plaine. »

Ce dernier détail, *πεδίον δ' αὐτῇ μέγα ὑπῆν*, est d'une
importance décisive pour la détermination de Thymiatéria :
l'évaluation des journées de navigation constitue toujours une
donnée un peu vague : il n'en est pas de même d'une indication topographique, et il est d'autant plus difficile de mécon-
naître la valeur de celle du Périple que Mehdiya est le seul
point de la côte occidentale *qui domine une grande plaine :* du plateau qu'elle occupe, le regard embrasse l'immense bassin du
Sbou. On comprend que la relation d'Hannon ait signalé en
trois mots cette particularité unique sans qu'il soit besoin d'admettre que cette brève mention soit l'explication du nom de
la première ville fondée par l'expédition carthaginoise [1].

Le nom de Thymiatéria ne paraît pas avoir survécu à la
domination punique. Nous ne le retrouvons pas dans les documents postérieurs au IVᵉ siècle. Peut-être fut-il remplacé
à l'époque romaine par celui de Subur; la ville qui porte ce
nom de Σούϐουρ figure, il est vrai, dans les listes de Ptolémée,
parmi les *πόλεις μεσόγειοι,* et aurait été située, d'après les
notations de la Table, dans le bassin de l'Oued Soueïr : mais
il ne faut pas oublier que Zilis et Lixus, dont la position était
analogue à celle de Thymiatéria, figurent également parmi les
villes de l'intérieur, et il est fort peu vraisemblable que la Subur de Ptolémée ait été située en dehors du bassin du Sbou.

Quel que fût son nom, la ville qui avait succédé à la cité

[1] Nous n'entendons pas contester toutefois la valeur de l'hypothèse, émise par
Bochart, qui fait du mot Thymiatérium
la reproduction plus ou moins altérée par
les Grecs d'un nom phénicien. Cette conjecture nous paraît beaucoup plus vraisemblable que l'opinion qui voit dans ce même
nom la traduction grecque de l'appellation
phénicienne.

phénicienne n'eut évidemment, pendant toute la période romaine, qu'une existence assez obscure. La grande voie qui conduisait de Tingis à Sala laissait l'embouchure du Sbou à une assez grande distance sur la droite. Elle ne se releva qu'au moyen âge où, sous le nom de Mehdiya et de Mamoura, elle devint un des ports les plus florissants et l'un des principaux arsenaux de l'empire des Almohades. Le premier de ces deux noms, que nous trouvons déjà dans El-Bekri dont le livre date de l'année 1154, lui fut sans doute donné par Abd el-Moumen en souvenir de son maître Ibn Toumert *el-Mehdi*[1]. On le voit disparaître bientôt pour faire place à celui de Mamoura, le seul que donnent nos cartes jusqu'à une date assez récente. Aujourd'hui le nom de Mamoura est aussi inconnu que celui de Mehdiya paraît l'avoir été dans toute la période intermédiaire.

Pline place l'embouchure du Subur à égale distance de Lixus et de Sala : « in ora a Lixo L mill. amnis Subur.. ... ab eo totidem millia passuum oppidum Sala. » Cette indication a amené M. Vivien de Saint-Martin à admettre l'existence, à égale distance de Sla et d'El-Araïch, d'une ancienne embouchure du Sbou dont le cours primitif, ajoute-t-il, serait représenté aujourd'hui par la Merdja de Ras ed-Doura.

Le renseignement recueilli par Pline est absolument faux. Le Sbou n'a jamais eu d'autre embouchure que l'estuaire de Mehdiya, situé à 28 milles romains du Bou Ragrag et 69 du Loukkos; il n'a jamais eu d'autre lit que le lit si profondément et si nettement tracé qu'il occupe encore aujourd'hui, et l'hypothèse d'un ancien estuaire par lequel la Merdja de Ras

---

[1] La tradition, rapportée par Marmol, d'après laquelle Mehdiya ou Mamoura aurait été fondée par Yakoub el-Mansour, est évidemment fausse, puisque le règne de ce souverain est postérieur à celui d'Abd el-Moumen.

ed-Doura aurait communiqué avec l'Océan est incompatible avec la configuration des lieux : la Merdja de Ras ed-Doura est un lac d'eau douce et non pas une lagune; l'ourlet qui la sépare de l'Océan est formé non pas par des dunes, mais par l'arête rocheuse dont nous avons déjà constaté l'existence entre El-Araïch et Moula bou Selham. Cet ourlet se prolonge de ce dernier point jusqu'à la coupure de Mehdiya sans offrir la moindre solution de continuité, la moindre dépression, la moindre trace, en un mot, d'une ancienne communication entre le lac et l'Océan. La Merdja de Ras ed-Doura communique, il est vrai, avec le Sbou, mais d'une façon intermittente : ce n'est que dans la saison des pluies que le trop-plein des eaux du lac s'écoule dans le fleuve : mais ce fait même prouve que le bassin de la Merdja est plus élevé que celui du Sbou, et ne permet pas de supposer, abstraction faite des raisons décisives qui ont été exposées plus haut, que le Subur ait jamais emprunté ce bassin pour se déverser dans l'Océan.

Il existe, sur la rive gauche du Sbou, un lac ou plutôt un grand marais analogue à la Merdja de Ras ed-Doura : formé par les eaux de l'Oued Beh't, comme le lac de la rive droite l'est par celles de l'Oued Mda, ce marais a reçu le nom de Merdja des Beni Ahsen, du nom de la tribu qui en habite les bords. Comme la Merdja de Ras ed-Doura, la Merdja des Beni Ahsen communique avec le Sbou. En présence de ce système hydrographique assez compliqué, on comprend que certains géographes de l'antiquité aient pu affirmer que le fleuve sortait d'un lac [1].

Ptolémée place entre le Subur et le Sala l'extrémité septentrionale de ce « golfe du commerce », ἐμπορικὸς κόλπος, que Polybe et Strabon font commencer immédiatement au-dessous

Ἐμπορικὸς κόλ
SINVS SAGVT

---

[1] Mnaséas cité par Pline, livre XXXVII, xi.

de Lixos[1]. Cette divergence dans les indications des documents antiques se rattache peut-être aux causes qui nous ont paru expliquer la disparition de Mulelacha et de Thymiatéria : le tracé de la voie romaine entre Lixus et Sala avait déplacé au profit de l'intérieur le mouvement dont le littoral avait été jus-qu'alors le théâtre : la zone étroite qui s'étend de Lixus à l'em-bouchure du Subur, entre l'Océan et les deux bassins de la Merdja ez-Zerga et de la Merdja de Ras ed-Doura, dut néces-sairement perdre une grande partie de l'importance qu'elle avait acquise à l'époque phénicienne.

Polybe a évidemment indiqué le véritable point de départ du *Sinus emporicus* dont il nous a conservé le nom punique Ṣagout (*Sinus Saguti*[2]) : c'est à Lixus que commençait cette série de comp-toirs qui avait fait donner à cette partie de la côte une dénomi-nation plus vraie au point de vue commercial qu'au point de vue géographique. La limite méridionale de ce même golfe était vraisemblablement la pointe de Mazaghan : là se termine en effet la vaste concavité que dessine, prise dans son ensemble, la côte maurétanienne : là aussi s'interrompait cette longue suite de villes commerçantes échelonnées sur les points qu'oc-cupent encore ou qu'occupaient au moyen âge les ports d'El-Araïch, Moula bou Selham, Mehdiya, Sla, Rbat, Mansouria, Fdala, Anfa, Kemmara, Azemmour et Mazaghan.

---

[1] Pline, V, 1 : « Ab eo Lixum... Inde sinum qui voçetur Saguti. » — Strabon, XVI, III : « Πρὸς νότον δὲ τῇ Λίξῳ καὶ ταῖς Κώτεσι παράκειται κόλπος Ἐμπορικὸς κα-λούμενος. »

[2] Movers a donné une explication sa-tisfaisante de cette forme *Sagout* qui aurait été l'adoucissement du mot phénicien *Sakharout*, סחרות « comptoirs ».

§ VII.

SALA.

Le nom tout phénicien de Sala[1] caractérise le terrain sur lequel s'élevait la colonie carthaginoise : le fleuve qui lui servait de port et qui porte aujourd'hui le nom de Bou Ragrag, débouche dans l'Océan, comme le Sbou, par une coupure que limitent au nord le plateau rocheux de Sla, au sud les falaises rocheuses de Rbat.

Sala ne figure pas dans le récit d'Hannon, ce qui s'explique sans peine lorsqu'on tient compte du but que se proposait avant tout l'expédition carthaginoise. Le silence du Périple de Scylax est plus significatif et ferait supposer que Sala n'existait pas encore, au moins comme colonie punique, dans les premières années du ive siècle avant notre ère. L'analyse que Pline nous a laissée de la reconnaissance de Polybe ne nomme que le fleuve : « flumina, Subur et Salam. » On ne saurait en conclure que la fondation de Sala est postérieure à l'année 145 : son nom même prouve qu'elle date de l'époque carthaginoise.

Méla n'en est pas moins le premier à nommer Sala qu'il compte parmi les cités relativement florissantes de la Maurétanie : « Quarum ut inter parvas, opulentissima habentur, procul a mari Gilda, Volubilis, Prisciana; propius autem Sala. » L'indication contenue dans le mot *propius* et la phrase de Pline : « Oppidum Sala, ejusdem nominis fluvio *impositum*, » suffisent presque pour permettre de déterminer l'emplacement de la Sala primitive. Ces deux textes, tout au moins, excluent les synonymies de Rbat, située sur le bord même de la mer, et de Sla qui s'étend sur la rive la plus basse du Bou Ragrag. Sla

SALA COLONIA. Chella. سلا

---

[1] שלע, *sela'*, « roche. » Les monnaies attribuées à Sala donnent la forme *sa'lat*, שעלת.

occupe d'ailleurs la rive droite du fleuve et Ptolémée place
Sala sur la rive gauche. La cité punique, comme l'oppidum
des premiers temps de la domination romaine, s'élevait à deux
milles de l'embouchure du Bou Ragrag sur les collines escarpées de la rive méridionale que couvrent aujourd'hui les ruines
de Chella[1]. Précisément au-dessous de ces collines, l'estuaire
du fleuve, assez resserré entre Rbat et Sla, s'élargit sensiblement : ensablé aujourd'hui, ce vaste bassin servait de port à la
ville antique[2].

Les débris antiques que l'on remarque à Chella sont peu
considérables, mais semblent appartenir à la meilleure époque
de l'art romain. Un éboulement de terres a mis à jour, sur le
versant méridional de la colline, une série de belles voûtes,
de 4 mètres environ d'ouverture, construites en pierres de
grand appareil et soutenant un *pavimentum* dont on n'aperçoit
que l'épaisseur. En dehors de l'enceinte mauresque, du côté
du sud-est, quelques substructions antiques affleurent le sol.
Un peu plus loin, dans la même direction, un mur construit
en gros blocs remonte évidemment à l'époque romaine. Le
canal voûté d'où jaillissent les eaux d'Aïn Chella est également
de construction romaine, et les blocs qui couvrent les bords
du ruisseau semblent avoir appartenu au mur antique que j'ai
déjà signalé. C'est sans doute à cette enceinte, envahie aujour-
d'hui par une végétation luxuriante, que fait allusion Marmol
lorsqu'il parle des « murs romains » de Chella : l'enceinte de
Yakoub el-Mansour, en effet, offre un caractère tout différent.

---

[1] Léon l'Africain constatait déjà l'origine romaine de Chella, qu'il appelle *Sella*.
Descr. Afr. p. 253.

[2] Dans un croquis très-ancien de l'embouchure du Bou Ragrag, reproduit dans
le portulan général de Vincendon-Dumoulin, le fleuve baigne les hauteurs de
Chella, dont le sépare actuellement une
zone assez étendue de marais salants. Le
même croquis indique un mouillage là
même où nous plaçons le port de Sala.

La synonymie de Chella et de Sala n'est vraie, du reste, qu'autant qu'il s'agit de la ville primitive : elle est trop absolue, en ce sens qu'elle est trop restreinte, lorsqu'il s'agit de la Sala des derniers temps de la domination romaine. Les débris antiques de toute nature qu'on a retrouvés à Rbat même[1] prouvent que cette ville s'était étendue peu à peu jusqu'à l'embouchure du Bou Ragrag. Chella et Rbat nous paraissent donc l'équivalent exact de la *Sala Colonia* de l'Itinéraire.

Bien que la date de la transformation de l'oppidum en colonie ne nous soit pas connue, le fait même ne paraît pas contestable. Le nom de *Salaconia* que nous trouvons dans l'*Itinéraire* ne peut s'expliquer que par une faute de copiste, et l'argument dont se sert Mannert pour nier l'existence de Sala, en tant que colonie romaine, n'est pas sérieux : de ce que Sala ne figure pas comme colonie dans la liste de Pline, il ne s'ensuit nullement qu'elle n'ait pas reçu ce titre à une époque postérieure. Rusaddir, pour ne citer qu'un exemple emprunté à la Maurétanie, ne figure dans Pline que comme oppidum : l'*Itinéraire* ne l'en qualifie pas moins de colonie, et Mannert, inconséquent avec lui-même, admet la légitimité de cette qualification.

« Sala, » dit Pline, « est voisine des déserts et infestée par des troupeaux d'éléphants et bien plus par la nation des Autololes dont on traverse le territoire pour aller au mont Atlas. » Si les éléphants n'infestent plus les deux villes qui ont succédé à Sala, les environs de Rbat sont souvent dévastés par les panthères qui abondent dans les montagnes voisines, et plus

---

[1] On a trouvé, il y a quelques années, [...] que[...] de grandeur naturelle, dont nous dans les fondations de la maison consu- [...] avons fait [...] on au musée du Louvre. laire de France, une tête de statue anti-

Maurétanie Tingitane.   13

encore, pour nous servir de l'expression de Pline, par les incursions des Zaïrs et des Zemmour Chleuh', descendants directs
des Autololes. La situation de Rbat la condamne fatalement aux
conséquences d'un dangereux voisinage; le massif inaccessible
des Zaïrs, projeté par l'Atlas, s'étend jusqu'à l'embouchure du
Bou Ragrag et permet à cette farouche tribu d'inquiéter impunément la route du littoral, parfois même d'intercepter complète-
ment les communications entre le nord et le sud de l'empire des
Chérifs. La division de ce même empire en deux royaumes, qui
ont longtemps et à plusieurs reprises vécu de leur vie propre,
les royaumes de Fez et de Maroc, est la conséquence forcée
d'un fait géographique. Les montagnes berbères séparent en
réalité le Maroc en deux tronçons à la hauteur de Rbat, et si
la fondation de cette ville par Yakoub el-Mansour n'a pas eu
pour objet, comme on l'a affirmé, de relier ces deux grandes
divisions du Moghreb [1], elle n'en a pas moins offert cet avantage, par la suite, aux souverains arabes qui ont succédé aux
dynasties berbères ; la grande route de Fez à Maroc passe sous
le canon de Rbat.

Comme Rbat, Sala jouait le rôle de ville frontière; elle mar-
quait, avec le poste avancé d'Ad Mercurios, la limite méridionale de la Tingitane impériale. A aucune époque, du reste, la
domination romaine ne paraît avoir franchi ces bornes, tracées
par la nature des choses. La distance qui séparait Ad Mercurios de Tingis, d'après les évaluations de l'*Itinéraire*, était de
174 milles; c'est, à 4 milles près, l'étendue que Pline assignait
déjà à la province romaine, du nord au sud [2].

Ptolémée, il est vrai, reporte jusqu'à la grande chaîne atlan-

---

[1] La fondation de Rbat, en face de Sla,
était une des trois fautes que se reprochait
El-Mansour à son lit de mort.

[2] V, II : « Tingitanae provinciae longi-
tudo CLXX mill. pass. est. »

tique la limite méridionale de la Maurétanie Tingitane; mais il est évident que, dans sa pensée, toute cette partie de la Maurétanie ne se rattache à la Tingitane proprement dite qu'au point de vue purement géographique. Ses listes, à part de rares exceptions, ne contiennent plus, au sud de Sala, que des noms de fleuves, de promontoires et de montagnes.

Ces diverses positions appartiennent à la géographie physique plutôt qu'à la géographie historique et se retrouvent assez facilement, sinon sur nos cartes, qui ne sont que d'imparfaites ébauches, du moins sur le terrain. Une exploration approfondie de cette grande division de la côte africaine nous a mis en mesure de compléter ou de rectifier, sur quelques points, les dernières recherches dont elle a été l'objet.

§ VIII.

DE SALA AU PROMONTOIRE SOLOEÏS.

• ——

LE DYOS ET LE CUSA. —— L'ASAMAS. —— LE PORTUS RUTUBIS. —— LE DIUR.

Le Duos ou Dyos[1], dont Ptolémée place l'embouchure à 5o minutes au sud de Sala, est représenté par le cours d'eau qui débouche près de Fdala et porte aujourd'hui le nom d'Oued el-Melah ou Oued el-Kantara. Celui d'Oued *Dir,* que lui donnent nos cartes et dans lequel on a voulu retrouver la dénomination antique, paraît n'être pas connu des indigènes. C'est également à tort que nos cartes font déboucher l'Oued Melah au nord de Fdala : cette dernière ville est située sur la rive droite du fleuve.

La distance donnée par Ptolémée, même en lui faisant

Δοῦος ποταμο
Oned el-Mela
واد الملح

[1] Δούου ἢ Δύου ποταμοῦ ἐκϐολαί.

subir la correction fondamentale du sixième, ce qui la réduit
à 42 minutes, est un peu trop forte : on ne compte pas plus
de 35 milles marins de l'Oued Melah au Bou Ragrag. La
correspondance n'en est pas moins certaine. D'une part,
en effet, les divers cours d'eau que traverse la route de Sla
à Fdala, l'Oued Ikkem, l'Oued Cherrat, l'Oued Bou Znika et
l'Oued Enfifekh, satisfont bien moins encore à la donnée du
document antique; d'un autre côté, on ne rencontre, entre
l'Oued el-Kantara et l'Oum er-Rbia', équivalent certain de
l'Asamas, qu'une seule rivière qui puisse représenter le fleuve
Cusa, indiqué par Ptolémée entre l'Asamas et le Duos : cette
rivière, omise par nos cartes, est l'Oued Merzek qui se jette
dans l'Océan, à trois heures de Dar el-Beïda et six heures et
demie de Fdala.

Κούσα ποταμός.
Oued Merzek.
واد ،مرزق

L'Oued Merzek coule du sud-est au nord-ouest, à travers
le massif de collines qui s'étend de Dar el-Beïda à l'Oum er-
Rbia' et débouche dans une petite baie semi-circulaire d'autant
plus remarquable que toute cette partie du littoral présente, en
général, une ligne droite. La pointe qui forme l'extrémité
méridionale de la baie porte le nom de Ras Kemmara, emprunté aux ruines d'une ancienne ville berbère qui était située
sur ce promontoire et avait peut-être succédé à un établissement antique : il est permis de supposer que sur cette côte,
où les refuges sont si rares, les Phéniciens avaient tiré parti
des avantages que présentent la baie de Kemmara et les bouches
du petit fleuve dans lequel nous n'hésitons pas à retrouver le
Κούσα ποταμός de Ptolémée.

L'Ἄτλας ἐλάττων ὄρος, que ce même géographe place entre
le Dyos et le Cusa, ne peut être que la chaîne peu élevée dont
nous venons de parler et qui s'étend, parallèlement au littoral, de Dar el-Beïda au bassin de l'Oum er-Rbia'.

La correspondance de ce dernier fleuve avec l'Asama de Ptolémée, l'Anatis de Polybe et l'Asana de Pline, ne peut soulever aucun doute. Pline, d'après des renseignements indigènes, place l'embouchure de l'Asana à 150 milles de Sala[1] : c'est précisément la distance indiquée par Polybe entre Sala et l'Anatis.

L'Oum er-Rbia', la « mère des pâturages », est, après le Sbou, le cours d'eau le plus considérable du Maroc. Son large estuaire, ensablé aujourd'hui à la barre, mais encore profond de 20 brasses sous les murs d'Azemmour, justifie la description de Pline : « Marino haustu, sed portu spectabile. »

Nous retrouvons dans la rade même de Mazaghan, ou *El-Djedida,* pour nous servir de la dénomination qui a prévalu parmi les indigènes, le Ῥουσίϐις λιμήν de Ptolémée, le Portus Rutubis que Polybe indique à 7 milles au sud de l'Anatis. C'est à tort que M. Vivien de Saint-Martin le place dans la baie semi-circulaire qui s'étend de la pointe d'El-Bridja à celle d'Azemmour[2] ; les brisants qu'offre la plage la rendaient impraticable alors comme aujourd'hui; le seul mouillage possible est celui de Mazaghan, abrité par la pointe rocheuse que projette l'extrémité occidentale de la baie. Le nom même de Rusibis fournit une autre preuve à l'appui de la conjecture qui nous fait placer le Ῥουσίϐις λιμήν sous la pointe même d'El-Bridja : Rusibis est évidemment un de ces nombreux composés phéniciens dans lesquels entre le mot *Rus,* dont la signification est bien connue.

L'île de Παίνα ou de Παία, que Ptolémée indique sous le

ANATIS, Fl.
ASANA, Fl.
Ἄσάμα.
Oum er-Rbia'.
أم ربيع

PORTVS RVTVBIS
Ῥουσίϐις λιμήν
Mayaghan
(El-Djedida).
الجديدة

[1] V, 1 : « Indigenæ tamen tradunt in ora ab Sala CL M. pass. flumen Asanam. »
[2] P. 361 : « Rutubis ou Rhusibis (car nous ignorons laquelle des deux formes doit être préférée) aurait été vers le milieu de la baie, à égale distance des places actuelles d'Azemmour et de Mazaghan. »

parallèle de Rusibis, par 5° 15' de longitude, ne se retrouve
pas sur nos cartes, pas plus que les îles de Doukkala (*Duccalæ
insulæ*) placées par d'anciens documents sur la côte occidentale,
entre Mazaghan et le cap Blanc.

Pæna a-t-elle disparu? A-t-elle jamais existé et ne convient-
il pas de la reléguer dans le domaine de la géographie fabuleuse, à côté des îles fantastiques des légendes arabes et des
premières explorations du moyen âge? Nous nous bornons à
constater qu'on n'en trouve aucune trace.

Nous ferons dès à présent la même observation à propos de
l'Ἐρύθεια que Ptolémée place un peu plus bas, à la hauteur
de Suriga, par 6 degrés de longitude et 29 degrés de latitude.
Ces indications ne permettent pas de l'identifier, comme l'ont
fait quelques commentateurs, avec l'île de Mogador.

Διοὺρ ποταμός.
Daïa de Oualidiya.
ضاية الولدية

A 20 minutes de l'Asamas et 25 minutes de l'Ἡλίου ὄρος
(cap Cantin) la table ptoléméenne indique les bouches du
Diur, Διοὺρ ποταμοῦ ἐκϐολαί.

On ne rencontre aucun cours d'eau proprement dit dans
toute la partie de la côte qui s'étend de l'Oum er-Rbia' au
Tensift. Le vaste plateau qui sépare les bassins de ces deux
fleuves présente une série d'ondulations parallèles au littoral
et cette disposition du terrain explique suffisamment l'absence
de tout cours d'eau perpendiculaire au rivage. Du cap Blanc
jusqu'a Asfi je n'ai pas trouvé, je ne dirai pas une rivière,
mais même un seul ruisseau alors que la carte de l'état-major
dessine, dans ce même parcours, une demi-douzaine de cours
d'eau qu'elle ne nomme pas, il est vrai, et qu'elle aurait été
fort embarrassée de nommer.

Il existe toutefois, entre la dernière ondulation du grand
plateau de Doukkala et l'ourlet rocheux qui borde le littoral,
une dépression dont la partie basse est occupée par une série

de lagunes ou de marais. Deux de ces lagunes communiquent avec l'Océan. Celle du sud est appelée Daïa de Oualidiya. L'autre, beaucoup plus considérable, a reçu le nom de Daïa Sidi ben Brahim ben Hellâl et présente, dans la partie septentrionale de son bassin, l'aspect d'un marais de 10 à 12 kilomètres de longueur au milieu duquel serpente un canal de plus en plus large et de plus en plus profond. A la hauteur de la koubba de Sidi Embarek Ould Zeïtoun, ce canal, qui représente le thalweg du marais, se transforme en une véritable lagune et communique avec l'Océan par deux larges coupures du cordon littoral. Le mouvement de la marée donne une apparence de vie au bassin que nous venons de décrire, et l'on s'explique, lorsqu'on voit s'écouler rapidement, à l'heure du jusant, les eaux refoulées par le flot, ce nom de « fleuve » donné à une lagune.

La Daïa de Sidi ben Brahim ne figure ni sur nos cartes ni dans aucun itinéraire. Aussi, M. Vivien de Saint-Martin a-t-il été conduit à identifier le Diur à la seule lagune qu'on connût dans cette partie de la côte, la Daïa de Oualidiya ou d'Aïyîr[1]. « Le nom de Diur, que la table met aux trois quarts de la distance de l'Asamas au promontoire Soloeïs, » dit M. Vivien de Saint-Martin, « se retrouve exactement au même point sous la forme actuelle d'Aïyîr. Pline, d'après les renseignements de l'expédition de 41, écrit *Vior*. Seulement, au lieu d'une rivière que les anciens mentionnent sous ce nom, les renseignements modernes ne parlent que d'une vaste expansion d'eau qui formerait, dit-on, un port magnifique, si des rochers n'en obstruaient l'entrée. Mais comme cette sorte

____

[1] *Aïyîr* est le nom le plus ancien : on le trouve déjà dans Édrisi. Celui de *Oua-lidiya* ne date que du xviie siècle : c'est vers 1645 que fut fondée, par le sultan Moula Oualid, la forteresse qui domine l'ancien port d'Aïyîr.

de baie fermée n'a été, jusqu'à présent, qu'imparfaitement reconnue, il est possible qu'un cours d'eau vienne en effet s'y perdre. »

La Daïa d'Aïyîr ou de Oualidiya, que nous avons explorée aussi soigneusement que celle de Sidi ben Brahim, présente à peu près les mêmes caractères. Elle communique avec l'Océan par une double coupure de l'ourlet rocheux qui forme le cordon littoral. La principale de ces deux passes, celle du sud, est assez large pour que les navires pussent pénétrer, au moyen âge, dans le vaste bassin elliptique que forme la partie méridionale de la lagune et auquel Édrisi donne le nom de port d'Aïyîr. Comme la Daïa de Sidi ben Brahim, d'ailleurs, la Daïa d'Oualidiya se prolonge par un canal qui peut à la rigueur jouer le rôle de « fleuve » bien que son cours soit beaucoup moins étendu. Nous nous trouvons donc en présence de deux équivalents possibles du Diur. La lagune septentrionale est incontestablement celle qui représente le mieux le ποταμός de Ptolémée. Toutefois, en laissant de côté l'argument qu'on peut tirer de la similitude du nom antique et de la plus ancienne des désignations indigènes, les indications de Ptolémée nous paraissent trancher la question en faveur de la Daïa Ad'ïyîr. La lagune de Sidi ben Brahim débouche dans l'Océan à 38 minutes de l'Oum er-Rbia' et 42 minutes du cap Cantin; celle d'Aïyîr est à 20 minutes de ce dernier point et 60 minutes de l'Oum er-Rbia'. Ptolémée, plaçant les bouches du Diur à 50 minutes de l'Asamas et 25 minutes de l'Ἡλίου ὄρος, il est évident que la position d'Aïyîr satisfait mieux que celle de Sidi Embarek Ould Zeïtoun aux distances proportionnelles indiquées par le géographe d'Alexandrie. Il est probable d'ailleurs que les avantages que présentait le bassin d'Aïyîr, au point de vue de la navigation, l'ont désigné plus spécialement à l'attention des géographes anciens et c'est vraisemblablement à ce titre qu'il figure dans la liste de Ptolémée.

Nous ne saurions admettre, par contre, la correspondance que M. Vivien de Saint-Martin établit entre le Diur et le Vior : elle ne repose que sur une ressemblance de nom assez discutable, et de plus elle est en opposition avec le texte de Pline qui place le Vior entre l'Atlas méridional et le Phut dont M. Vivien de Saint-Martin admet lui-même l'identité avec le Tensift : « Mox amnem quem vocant Fut : ab eo ad Dyrin (hoc enim Atlanti nomen esse eorum lingua convenit) ducenta mill. passuum, *interveniente* flumine cui nomen est Vior. » Le Vior ne peut être qu'un des cours d'eau qu'on rencontre entre le Tensift et l'Oued Noun, probablement entre ce dernier fleuve et Agadir, c'est-à-dire dans la partie de la côte où l'on peut placer, avec le plus de vraisemblance, ces anciennes colonies liby-phéniciennes auxquelles Pline fait allusion à propos du Vior [1].

§ IX.

LE PROMONTOIRE SOLOEÏS.

(Promontorium Solis. — Ἡλίου ὄρος.)

A 16 milles environ au sud-ouest de Oualidiya, les hauteurs qui dominent le littoral s'abaissent doucement pour se relever bientôt, et se terminent, immédiatement au-dessus du cap Cantin, par une éminence arrondie dont le sommet isolé domine de 63 mètres le niveau de l'Océan [2]. Le cap proprement dit est une pointe rocheuse dont la hauteur ne dépasse

Σολδεις ἄκρα
PROMONTORIV
SOLIS.
Ἡλίου ὄρος.

Cap Cantin.
Ras K'antin
راس قنتين

---

[1] Pline, V, 1 : « Ibi fama exstare circa vestigia habitati quondam soli, vinearum palmetorumque reliquias... »

[2] Nous empruntons ce chiffre à Kerhal-

let. Nos propres mesures, obtenues par un baromètre anéroïde, ne nous ont donné qu'une altitude de 56 mètres.

pas une vingtaine de mètres, mais qui forme le point d'attache d'une longue ligne de falaises courant, du nord-ouest au sud-est, dans une direction perpendiculaire à celle que la côte a suivie jusque-là.

L'identité du promontoire Soloeïs des anciens Périples et de la pointe remarquable que nous venons de décrire n'est plus guère discutée aujourd'hui et n'a jamais été sérieusement discutable[1]. Elle résulte, d'une manière générale, de la correspondance certaine de la Σολόεις ἄκρα avec le *Promontorium Solis* ou *Mons Solis* des géographes de l'époque romaine, et de celle de ce même Promontorium Solis avec le cap Cantin.

La première n'est pas douteuse. Les textes les plus anciens s'accordent à placer sur la côte occidentale, aux extrémités de la Libye connue[2], et à cinq jours des Colonnes d'Hercule[3], un promontoire appelé Soloeïs, nom punique dont Suidas nous ferait connaître la signification[4], alors même que nous n'y reconnaîtrions pas le radical sémitique *Sela, Selaïm*, סלע, סלעים « rochers ». Cette localité était une des plus connues et des plus célèbres du littoral atlantique puisqu'elle figure parmi les indications si rares qu'Hérodote avait pu recueillir sur les possessions de Carthage[5]. Scylax le constate en termes formels : « Toute cette partie de la Libye, » dit le Périple, « est

[1] Le Soleïs a été successivement identifié, par Gosselin au cap Spartel, par Bougainville au cap Bojador, par Heeren, Kluge et Lapie au cap Blanc. La carte de l'Afrique sous la domination des Romains, dressée en 1864 au Dépôt de la Guerre, n'admet qu'avec doute la correspondance du Promontorium Solis et du cap Cantin, considérée comme certaine par Mannert, Movers, Forbiger et M. Vivien de Saint-Martin.

[2] Hérodote, II, xxxii : . . . . μέχρι Σολόεντος ἄκρης, ἥ τελευτᾷ τὰ τῆς Λιβύης. — Cf. Hesych. : Σολουντίς, ἄκρα τῆς Λιβύης.

[3] Scylax, *Périple*.

[4] Σόλος, ὁ βουνός.

[5] Elle est encore citée par Crinagoras, Antholog. IX, p. 419 : Ἐς πύματον Σολόεντα.

très-célèbre et considérée comme sacrée[1]. » Abstraction faite de l'intérêt qu'il présentait au point de vue de la légende, le promontoire Soleïs jouait un rôle trop considérable dans la configuration du littoral pour qu'un observateur aussi consciencieux que Polybe pût le passer sous silence. Nous le retrouvons, en effet, dans l'analyse de l'exploration de 145 où son nom phénicien se transforme par assonance en *Promontorium Solis*. Nous le retrouvons de même dans la table ptoléméenne sous la désignation équivalente d'Ἡλίου ὄρος.

Les indications de Ptolémée, d'autre part, ne permettent pas de douter de la correspondance de l'Ἡλίου ὄρος, ou *Promontorium Solis*, et du cap Cantin; elle résulte de la position qui est assignée à l'Ἡλίου ὄρος par rapport au Diur et au Phthuth. Le cap Blanc, seul point qu'on puisse, à certains égards, proposer comme l'équivalent de la Σολόεις ἄκρα, ne correspond évidemment pas au Mons Solis placé par Ptolémée au sud du Diur qu'il est impossible de retrouver au nord du cap Blanc.

Nous tenons donc pour certaine la synonymie dont nous venons d'indiquer les bases essentielles. Il nous reste à la justifier plus rigoureusement encore, soit en retrouvant dans la topographie du cap Cantin les détails que nous ont laissés les deux Périples sur le Soloeïs, soit en examinant les difficultés que présente l'application aux localités actuelles d'un des passages du récit d'Hannon.

Le Périple grec rappelle tout d'abord le trait caractéristique du cap Cantin en constatant que de toutes les saillies de la côte, la Σολόεις ἄκρα est « celle qui s'avance le plus dans la mer ». C'est dans ce sens, en effet, qu'on doit traduire les mots : ἡ ἀνέχει μάλιστα εἰς τὸν πόντον, qui ont été pris à

---

[1] Τῆς δὲ Λιβύης πᾶσα αὕτη ἡ χώρα ὀνομαστοτάτη καὶ ἱερωτάτη.

tort par certains commentateurs comme une allusion à la hauteur du cap au-dessus de l'Océan ; la pointe proprement dite du Ras Kantin est peu élevée : elle constitue par contre une saillie très-remarquable du littoral et se prolonge, à l'ouest, par une ligne de récifs et de brisants de près de 2 milles d'étendue. Sa longitude enfin est beaucoup plus occidentale que celle du cap Blanc.

Le Périple carthaginois omet la distance qui séparait Thymiatéria de Soloeïs. Le Portulan grec comble cette lacune en comptant cinq journées de navigation des Colonnes d'Hercule à la Σολόεις ἄκρα, deux jours d'Abyla à la pointe d'Hermès, trois jours de cette pointe à celle de Soloeïs. La distance totale de la pointe de Ceuta au Ras Kantin, mesurée sur nos cartes marines, est de 3,450 stades, ce qui porte à 690 stades, en moyenne, chacune des journées de navigation de Scylax. Nous disons *en moyenne,* car la distance d'Abyla à l'Hermæa Acra ne figure dans le chiffre total que pour 670 stades, ce qui donne 235 stades pour la valeur de chacune des deux premières journées et 936 pour celle des trois dernières.

Le Périple d'Hannon indique deux journées entre le détroit des Colonnes et Thymiatéria. La distance de la pointe de Ceuta à Mehdiya étant de 1,620 stades, la journée de navigation serait de 810 stades[1]. Le Soloeïs, d'autre part, se trouvant à 1,830 stades de Thymiatéria, l'expédition carthaginoise aurait pu atteindre en trois jours son second point de relâche.

Il est probable toutefois qu'elle y mit plus de temps; le Périple laisse entendre que la flotte avait été plus ou moins dispersée : le promontoire Soleïs, « couvert d'arbres, » servit de

---

[1] Elle n'équivaudrait qu'à 560 stades si le Périple, comme le suppose M. Vivien de Saint-Martin, prend pour point de départ le cap Cotès et non pas Abyla.

point de ralliement : Ἐπὶ Σολόεντα λιϐυκὸν ἀκρωτήριον λάσιον δένδρεσι συνήλθομεν.

La végétation arborescente que dépeignent ces mots : λάσιον δένδρεσι, fait absolument défaut aujourd'hui au cap Cantin, bien que les commentateurs l'aient signalée comme un des traits qui le caractérisent encore. C. Müller y puise un argument contre l'hypothèse qui identifie le Soloeïs au cap Blanc : « Duo in hoc tractu occurrunt promontoria, *cap Blanc* et *cap Cantin*. De illo cogitarunt Heerenius, Klugius et alii; at posterius nostro loco est intelligendum, nam hocce, non alterum, *silvis horret.* » « Hannon dit que le Soloeïs est couvert d'arbres, » ajoute de son côté M. Vivien de Saint-Martin; « on peut noter comme une analogie remarquable que les Maures donnent au cap le nom de *Ras el-Hadik* qui signifie *cap des Bois de Palmiers.* » Il n'existe, en réalité, ni bois de palmiers, ni bois quelconque au cap Cantin : on n'y trouve, en fait de végétation, que quelques misérables figuiers poussant à grand' peine dans les interstices des falaises. Aux environs mêmes du cap, dans le rayon fort étendu qu'embrasse le regard, on ne rencontre que de rares oliviers sauvages et de plus rares palmiers, toujours isolés, ombrageant les ruines de quelque sanctuaire musulman. J'ajouterai que le nom de Ras el-Hadik est absolument inconnu des indigènes, lettrés ou non, aussi bien que la signification qu'on lui attribue. Le cap est appelé par eux *Ras Kantîn* et ce mot paraît avoir le même sens, dans le dialecte marocain, que le mot punique Soleïs; on le trouve appliqué, au singulier, à l'une des falaises les plus remarquables du Rif, le Ras Kant ez-Zit.

Nous reprenons l'analyse du Périple d'Hannon.

Les explorateurs, d'après le document punique, débarquent au promontoire Soloeïs et y construisent un sanctuaire en

l'honneur de Neptune. Remettant ensuite à la voile, ils navi-
guent pendant une demi-journée, environ, dans la direction
du soleil levant[1].

Les points où il est possible de prendre terre sont rares
sur cette côte si dangereuse : on n'en trouve aucun dans le
voisinage immédiat du cap Blanc. Il existe, au contraire, à
quelques centaines de mètres au nord-est du Ras Kantin, une
petite baie qui sert de port au village de Beddouza. C'est sur
cette plage, où pourrissent aujourd'hui trois ou quatre misérables barques de pêche, que s'effectua le débarquement
d'Hannon.

Le document punique ne précise pas le point où s'élevait le
sanctuaire de Neptune. Le Périple grec place sur le point culminant du cap, ἐν τῷ ἀκρωτηρίῳ, un grand autel de Poseïdon
orné de sculptures représentant des « figures humaines, des
lions, des dauphins », que la tradition attribuait à Dédale[2].

L'ἀκρωτήριον de Scylax est l'éminence arrondie qui domine
le cap : elle forme une sorte de tumulus qui marque le point
où les hauteurs de la côte changent brusquement de direction. Le sommet du tumulus est occupé par une de ces enceintes circulaires, en pierres sèches, auxquelles les indigènes
donnent le nom de *heuch*[3]. Le sol, à l'intérieur de ce cromlech rudimentaire, est sensiblement plus élevé qu'à l'extérieur,
et il est possible que l'enceinte actuelle circonscrive le soubassement de l'autel antique, ou tout au moins la plate-forme
sur laquelle il a pu reposer. La sainteté du lieu ne m'a pas
permis, malheureusement, d'y exécuter des fouilles. Tout ce

---

[1] ...Ἔνθα Ποσειδῶνος ἱερὸν ἱδρυσάμενοι
πάλιν ἐπέβημεν πρὸς ἥλιον ἀνίσχοντα
ἡμέρας ἥμισυ.....

[2] Ἐπὶ δὲ τῷ ἀκρωτηρίῳ τῆς ἄκρας ἔπεστι

βωμὸς μέγας... Ποσειδῶνος. Ἐν δὲ τῷ βω-
μῷ εἰσὶ γεγραμμένοι ἀνδριάντες, λέοντες,
δελφῖνες· Δαίδαλον δέ φασι ποιῆσαι.

[3] جوخ, au pluriel, *heuchet* جواخ.

que j'ai pu constater, c'est que l'ἀκρωτήριον du Soloeïs, formé
d'une calotte de tuf identique à la couche supérieure des falaises, a été modifié par la main de l'homme : le roc a été
enlevé autour du tumulus et remplacé par une terre meuble.

Le heuch du Ras Kantin, qui porte le nom de *Medjma'a es-
Salih'in*, « la réunion des purs, des sanctifiés, » est un des sanctuaires les plus vénérés d'une région qui, aujourd'hui comme
au temps de Scylax, est une des plus saintes de l'Afrique : on
y rencontre à chaque pas toutes les variétés du marabout
heuch, sid, koubba[1], et de nombreuses zaouïas y entretiennent
toute une population de théologiens, tolbas ou fekis. C'est bien
la terre sacrée par excellence, la χώρα ἱερωτάτη du Périple.
Il y a évidemment là une tradition ininterrompue.

Le changement de direction constaté par le Périple dans la
route de la flotte punique, à partir du Soloeïs, est l'indication
la plus importante au point de vue de la correspondance des
localités. De Thymiatéria au Promontoire, l'expédition avait
suivi la direction nord-est-sud-ouest qui est aussi celle de la
côte de Mehdiya au cap Cantin. De la pointe Soloeïs, elle fait
voile au levant, c'est-à-dire au sud-est : Πάλιν ἐπέβημεν πρὸς
ἥλιον ἀνίσχοντα ἡμέρας ἥμισυ. Ce détail est inapplicable au
cap Blanc où la côte ne forme un angle rentrant de moins de
2 milles que pour reprendre immédiatement la direction
générale nord-est-sud-ouest. A partir du cap Cantin, au contraire, la ligne des falaises court dans une étendue de 4 milles
du nord-ouest au sud-est, en dessinant le Ras Mahrouk,
puis le Ras Bordj en-Nadour (cap Asfi ou Safi), et suit définitivement, au-dessous de ce dernier point, la direction générale

---

[1] Le *heuch* est une enceinte sacrée, circulaire et à ciel ouvert, par opposition à
la *koubba* qui est voûtée, comme son nom
l'indique, et au *sid* qui, voûté ou non, n'a
pas la forme circulaire.

nord-sud qu'elle garde jusqu'au cap Guer. Nous avons déjà dit
que le cap Cantin se prolongeait par une pointe sous-marine
fort étendue : la mer brise à plus de 3 milles au large et
oblige nos navires à faire un détour de 7 à 8 milles. La flotte
punique, parvenue à la hauteur de la Pointe, avait donc près
de 260 stades à parcourir dans la direction du sud-est avant
de se trouver en face d'Asfi.

Ici, du reste, se présente la seule difficulté sérieuse qu'offre
l'application des indications du Périple aux localités actuelles.
A une demi-journée du Soloeïs, l'expédition carthaginoise
constate l'existence d'un grand marais, situé non loin de la
mer, rempli de roseaux élevés et touffus et habité par des
éléphants et par beaucoup d'autres animaux sauvages :

Πάλιν ἐπέβημεν πρὸς ἥλιον ἀνίσχοντα ἡμέρας ἥμισυ, ἄχρι
ἐκομίσθημεν εἰς λίμνην οὐ πόρρω τῆς θαλάτης κειμένην, κα-
λάμου μέσην πολλοῦ καὶ μεγάλου · ἐνῆσαν δὲ καὶ ἐλέφαντες
καὶ τἄλλα θηρία νεμόμενα πάμπολλα.

Le texte est précis et les détails abondent. Or il n'existe ni
marais ni lagune au sud du cap Cantin : nous l'affirmons
après avoir soigneusement exploré, non-seulement le littoral,
mais l'intérieur du pays jusqu'à Maroc. La série de lagunes
ou de marais qui caractérise la partie septentrionale de la côte
marocaine cesse précisément au nord du cap Cantin, à Oualidiya. De ce point jusqu'au Sahara, le littoral est uniquement
formé de falaises plus ou moins élevées alternant avec des
pentes assez rapides, en général, et des plages sablonneuses
ou pierreuses.

L'hypothèse de Movers qui place à Asfi même la lagune du
Périple n'est pas soutenable[1]. Asfi n'est pas située dans un

---

[1] II, p. 545.

bas-fond comme l'a fait supposer un passage mal compris de la relation de Jackson; elle est assise sur le versant des collines qui forment le prolongement des falaises du cap Cantin, et ces collines plongent dans l'Océan par un ressaut assez brusque. Les inondations dont parle Jackson et Riley n'ont pas et ne peuvent pas avoir le caractère qu'on leur a attribué : le ravin qui débouche dans la mer, au nord d'Asfi, se transforme en torrent dans la saison des pluies et ce torrent balaye parfois une partie de la ville basse, mais il n'y laisse pas une flaque d'eau.

Le dernier et le plus habile des commentateurs du Périple ne s'est pas contenté de l'explication de Movers, acceptée de confiance par C. Müller. Celle qu'il propose, toutefois, n'est pas beaucoup plus satisfaisante. D'après M. Vivien de Saint-Martin, la plage marécageuse que l'expédition carthaginoise mit près d'un jour à dépasser [1] « devait s'étendre aux deux côtés du Tensift inférieur ». Or le Tensift coule dans un bassin resserré, au nord, par le grand plateau d'Abda, au sud par le massif du Djebel el-Hadid. Au nord comme au sud du fleuve, la plage est accidentée et n'offre aucune trace de marais.

Il est impossible, nous le répétons, de retrouver aujourd'hui, au sud du cap Cantin, à quelque distance que ce soit, les lagunes que l'expédition carthaginoise longea pendant près d'une journée après avoir doublé le Soloeïs.

Faut-il en conclure que le Soloeïs est le cap Blanc? Il serait contraire aux règles d'une saine critique d'asseoir sur un détail isolé d'un seul texte une synonymie inconciliable avec d'autres détails de ce même texte, incompatible en outre avec toutes les autres données des documents antiques.

[1] Τήν τε λίμνην παραλλάξαντες ὅσον ἡμέρας πλοῦν, κατῳκίσαμεν πόλεις κ.τ.λ.

Faut-il admettre une erreur dans la relation punique? Une transposition dans l'énumération des localités? Cette transposition est peu probable en présence de la contexture du récit, de la suite et de la précision qui le caractérisent dans sa brièveté voulue.

Convient-il enfin de ne voir dans cette inexactitude de détail qu'un argument de plus à l'appui des doutes qu'a soulevés l'ensemble même du récit, et de l'opinion qui relègue la relation carthaginoise dans le domaine de la géographie fabuleuse? Nous ne le pensons pas. Une erreur de détail, à supposer qu'elle fût bien constatée, ne saurait infirmer le caractère d'authenticité qu'a paru revêtir, dans son ensemble, aux yeux de juges compétents, le texte le plus ancien que l'antiquité nous ait transmis sur la géographie de la côte occidentale d'Afrique. Mais cette erreur même n'est-elle pas plus apparente que réelle? L'aspect actuel des localités ne concorde pas, assurément, avec une description qui date de vingt-trois siècles : mais ne peut-on pas admettre que des changements considérables se soient opérés dans un si long intervalle? Une telle conjecture n'a rien de téméraire : des modifications très-appréciables s'effectuent en ce moment même sur toute cette côte. Le rivage s'abaisse sensiblement. On pouvait encore, il y a vingt ans, longer les remparts qui défendent Asfi du côté de l'ouest : la mer les baigne complétement aujourd'hui. Des habitants de Mogador m'ont dit avoir vu, il y a moins d'un demi-siècle, les troupeaux passer facilement, à marée basse, du continent dans l'île, là même où la passe présente aujourd'hui une profondeur de 4 à 5 mètres.

Toute cette partie de la côte subit donc un mouvement d'affaissement rapide. On peut supposer dès lors qu'au vi^e siècle avant l'ère chrétienne, le littoral, d'Asfi au cap Sim, présentait, entre l'Océan et les hauteurs qui forment la côte actuelle, une longue suite de marais alimentés par le Tensift, l'Oued el-Mzouid et l'Oued el-Ksab. Il suffit, pour expliquer tout à la fois l'existence et la disparition de cette zone maré-cageuse, d'admettre que la côte se soit abaissée de 15 à 20 mètres en vingt-trois siècles[1]. Cette hypothèse n'a rien que de vraisemblable en présence des faits que j'ai signalés, et, loin de nous induire en erreur sur la configuration ancienne de la côte, la relation d'Hannon apporterait une preuve historique à l'appui des conjectures que l'observation scientifique nous autorise à formuler.

§ X.

DU PROMONTOIRE SOLOEÏS À L'ATLAS.

Mysocaras. — Le Phtuth. — Le Promontoire d'Hercule. — Tamusiga. — Le Promon-toire Ussadium. — Suriga. — L'Una, l'Agna et le Sala. — L'Atlas. — Le Portus Risardir, le Subus. — Les colonies liby-phéniciennes et le Lixos d'Hannon.

Le Μυσοκάρας λιμήν placé par Ptolémée entre l'Ἡλίου ὄρος et le Phthuth, ne peut être qu'Asfi, située à égale distance du cap Cantin et du Tensift. Asfi et Gouz sont les deux seuls mouillages qu'offre la côte dans cet intervalle : mais Gouz est beaucoup trop près du fleuve pour pouvoir représenter My-socaras. La correspondance de ce dernier point avec Asfi nous paraît donc peu douteuse, bien que les distances de la table soit beaucoup trop fortes, comme d'habitude. La carte de l'Afrique sous la domination des Romains commet une inexplicable méprise, aggravée d'une faute matérielle, en ins-crivant à côté du nom d'Asfi celui de *Rutupis*.

Μυσοκάρας λιμή
Asfi.
اسفي

[1] Les sondages, d'Asfi au cap Sim, n'accusent jusqu'à une assez grande distance du rivage que des profondeurs variant de 9 à 20 mètres.

Si l'homonymie du Tensift et du Phthuth de Ptolémée ne nous est pas complétement démontrée[1], leur synonymie n'en est pas moins certaine. Le Tensift est un véritable fleuve : bien que sa barre, en été, soit complétement à sec à basse mer, son lit, dans l'intérieur et déjà à la hauteur de Maroc, présente une largeur considérable et son cours est des plus rapides. C'est par cette grande artère que s'écoulent toutes les eaux de la partie du versant septentrional de l'Atlas comprise entre sa source et le littoral. Les documents antiques ne pouvaient le passer sous silence et nous le retrouvons, en effet, dans la liste de Pline comme dans celle de Ptolémée. M. Vivien de Saint-Martin a déjà fait remarquer que l'intervalle qui se déduit des notations de la table entre le Phthuth et l'Asamas ($1°\ 44'$) se retrouve exactement dans la distance qui sépare le Tensift de l'Oum er-Rbia' quand on les mesure sur la côte.

Le promontoire d'Hercule, Ἡρακλέους ἄκρον, indiqué à 10 minutes au sud du Phthuth correspond au Ras el-Hadid, la seule saillie remarquable que présente la côte entre le Tensift et le Ras Tagrioualt, le cap Sim de nos cartes, dont l'identité avec l'Οὐσσάδιον ἄκρον ne paraît pas discutable.

Le Ras el-Hadid, pointe basse et sablonneuse que prolonge un récif d'un demi-mille, est projeté par le Djebel el-Hadid, « la montagne de fer, » dont le massif relativement élevé (770 mètres) présente du nord-est au sud-ouest une étendue de plus de 20 milles.

Fvт, Fl.
Φθοῦθ ποτᾳμός.
Tensift.
واد تنسيفت

Ἱρακλέους ἄκρον.
Ras el-Hadid.
راس الحديد

Οὐσσάδιον ἄκρον.
Cap Sim
(Ras Tagrioualt).
راس تقريوالت

[1] « L'identité des noms se reconnaît aisément, dit M. Vivien de Saint-Martin, sous la transcription grecque où l'on s'est efforcé de se rapprocher, par l'accumulation des sifflantes, de l'articulation indigène. »
Une variante du texte de Ptolémée donne la forme Θοῦθ, qu'il faut peut-être lire Φοῦθ. Pline, d'après des renseignements indigènes, écrit *Fut*, et place le fleuve entre l'Asana et l'Atlas à 200 milles de ce dernier point. Josèphe (*Ant.* I, vi) donne la forme Φοῦτος.

Le cap Sim ou Ras Tagrioualt présente le même aspect :
« C'est une pointe basse de sable, dit Kerhallet, qui descend
en pente douce à la mer, d'une hauteur considérable; il se
termine par une ligne de rochers qui s'étendent à 1 mille au
large du cap. »

Les synonymies qui s'imposent pour l'Ἡρακλέους ἄκρον et
l'Οὐσσάδιον ἄκρον entraînent la correspondance de Tamusiga
(Ταμούσιγα) et de Souera ou Mogador, le seul mouillage
qu'on trouve entre le Tensift et le cap Sim. Par suite de l'erreur qui l'a conduit à placer Rutubis à Asfi, l'auteur de la
carte de l'Afrique sous la domination des Romains identifie
Mysocaras à Mogador et le promontoire d'Hercule au cap Guer.

Ταμούσιγα.
Mogador (Souera)
السويرة

La table ptoléméenne indique entre l'Οὐσσάδιον ἄκρον et
l'Atlas une ville, Σούριγα, et trois cours d'eau, l'Οὔνα, l'Ἄγνα
et le Σάλα.

Suriga nous paraît correspondre à Koubia, sur l'Oued Tidsi,
à 7 milles au sud du cap Sim. La vallée de l'Oued Tidsi forme
une sorte d'oasis sur cette côte aride.

Σούριγα.
Koubia.
قوبية

L'Una est vraisemblablement l'Oued Tafetna ou Oued
Igouzoul qui se jette dans l'Océan au sud du cap Tefelneh de
nos cartes. Ce nom de Tefelneh est une altération de Tefetna
qu'on retrouve, sous la variante Taftana, dans les plus anciens
portulans. La baie semi-circulaire et entourée de hauteurs
dans laquelle débouche l'Oued Igouzoul porte le nom de
Marsa Tafetna, « le port du Chaudron. » Elle abrite quelques
barques de pêche.

Οὔνα ποταμός.
Oued Tefetna.
واد تفتنة

L'Agna paraît être l'Oued Beni Tamer, dont l'embouchure
est située à 22 milles plus au sud.

Le Sala serait enfin l'Oued Tamrakt et aurait dû son nom
phénicien, dont la signification est bien connue, aux rochers
qui forment le rivage entre sa rive droite et le cap Guer.

Ἄγνα ποταμός
Oued Beni Tamer
واد بني تامر
Σάλα ποταμός
Oued Tamrakt
واد تمرقة

Ἄτλας μείζων.
Montagne des Ida n'-Tenân.
Djebel Daran.
جبل درن

M. Vivien considère le cap Guer, ou Ras Aferni, comme l'Ἄτλας μείζων de Ptolémée. Une des ramifications de la chaîne atlantique vient effectivement aboutir au Ras Aferni : son peu d'élévation, toutefois (365 mètres), ne justifie guère la dénomination d'ὄρος appliquée à ce même cap[1]. L'Ἄτλας μείζων de la table ptoléméenne se retrouverait plus naturellement, à notre avis, dans les derniers sommets de la grande chaîne atlantique qui, sous le nom de Djebel Ida n'-Tenân[2], viennent plonger dans l'Océan entre l'Oued Tamrakt et Agadîr. La synonymie que nous proposons permet seule, d'ailleurs, de retrouver les trois fleuves indiqués par Ptolémée entre l'Atlas et Suriga, ce dernier point n'ayant plus de correspondance possible si l'on admet que les trois cours d'eau aient été situés au nord du cap Guer et que l'Oued Tidsi, par conséquent, représente l'Una.

Nous n'émettons cette opinion, au surplus, qu'à titre de conjecture. Nos explorations n'ont pas dépassé le versant septentrional de l'Atlas et c'est à l'Atlas que devrait s'arrêter une étude que nous nous étions proposé de renfermer dans la limite de nos recherches personnelles. Sous le bénéfice de cet aveu, on nous permettra d'exposer rapidement les réflexions que nous suggère l'analyse dont la dernière partie de la côte maurétanienne a été l'objet de la part de l'auteur du *Nord de l'Afrique dans l'antiquité.*

Portvs Risardir.
Baie d'Agadir.
أكدير

La baie profonde que dessine le littoral entre le cap Guer et Agadir offre un bon mouillage : « C'est la meilleure rade de la côte du Maroc, » dit M. de Kerhallet. Elle représente, dans notre conviction, le *Portus Risardir* de Polybe que M. Vivien

---

[1] C'est par erreur que, dans le résumé de M. Vivien de Saint-Martin, le nom de l'*Atlas major* est suivi de l'épithète pro- montorium. — [2] Le mot *Ida,* en berbère, est l'équivalent du mot *Aït,* et signifie « tribu ».

de Saint-Martin place, dubitativement il est vrai, à Mogador.

Le nom antique nous paraît être soit une variante du composé punique *Rusaddir*, soit un composé liby-phénicien dont
le second élément reproduirait le nom berbère de la localité
actuelle. *Rus Agadir* serait devenu successivement, par con-
traction et par une permutation du *g* en *r* dont les exemples
sont fréquents, *Rus agdir* et *Rus Ardir*. On sait que le mot
berbère *Agadir*, emprunté à la langue phénicienne[1], désigne
une « enceinte », une « forteresse ». Déchue de son ancienne
splendeur depuis l'époque où son port fut fermé au profit de
Souera par le sultan Sidi-Mohammed, Agadir n'est plus aujourd'hui qu'un poste militaire : elle commande la route qui
conduit du Maroc dans le Sahara par le littoral.

L'Oued Sous, qui débouche dans l'Océan à 5 milles au sud
d'Agadir, est évidemment le Subus que Ptolémée place immédiatement au-dessous de l'Ἄτλας μείζων. Ici encore le nom
antique s'est conservé, en se contractant, dans l'appellation
moderne. Large de 100 mètres à son embouchure, ce cours
d'eau joue, sur le versant méridional de la chaîne atlantique,
le rôle que nous avons assigné au Tensift sur le versant opposé.

M. Vivien de Saint-Martin, qui admet l'identité de l'Oued
Sous et du Subus, y retrouve en outre le Lixos méridional
d'Hannon. Cette correspondance, qu'il affirme à deux reprises,
mais sans la justifier, ne nous paraît pas soutenable. Nous
croyons, avec C. Müller, que le Λίξος du Périple, le Ξιῶν de

(marginal notes:)
Σούβου ποταμοῦ
ἐκβολαί.
Oued Sous.
واد درسوس

Λίξος (Hann.).
Ξιῶν (Scyl.).
Darat (Polyb.)
Δάραδος (Ptol.)
Oued Drâa.
واد درعه

---

[1] *Agadir* nous paraît être le mot sémitique Gadir ou Geder, גדר, précédé de
l'une des voyelles qui caractérisent les noms
masculins berbères. C'est par ce procédé,
ainsi que nous l'avons déjà dit, que les
dialectes chleuh' et amazigh s'assimilent
encore aujourd'hui les substantifs masculins d'origine étrangère.

Scylax, est le grand fleuve qui, sous le nom d'Oued Drâa, sépare les derniers contre-forts méridionaux de l'Atlas du Sahara. Tous les détails du texte du Périple semblent le prouver. L'épithète de μέγας ποταμός, donnée au Lixos, ne peut pas s'appliquer à l'Oued Sous; elle désigne évidemment le Drâa dont le cours, d'un sixième plus long que celui du Rhin [1], forme un grand lac dans sa partie moyenne et présente, près de son embouchure, une largeur considérable.

Le Lixos marque, dans le Périple, la limite des Libyens sédentaires et des nomades [2]. C'est encore l'Oued Drâa qui sépare aujourd'hui les populations essentiellement sédentaires et agricoles du Sous des tribus nomades qui errent au sud du fleuve.

Cette différence dans le genre de vie des riverains, en deçà et au delà du Drâa, est avant tout la conséquence de la diversité des deux régions que sépare ce grand cours d'eau, puisqu'on trouve des tribus berbères parmi les nomades de la rive gauche. L'Oued Drâa marque une grande limite naturelle. Sa rive droite appartient encore au prolongement méridional de l'Atlas; à sa rive gauche commence le Sahara, habité d'abord par les dernières populations blanches, par ces Libyens que Pausanias qualifie d'ἔσχατοι [3], puis bientôt exclusivement peuplé par la race noire. Le Périple indique précisément ce changement dans la nature des lieux et cette différence dans les races humaines. C'est parmi les Lixites, qui sont encore des Libyens, que l'expédition carthaginoise prend les interprètes qui lui seront bientôt nécessaires pour communiquer

[1] Renou, *Description du Maroc*, p. 65.
[2] Παρὰ δ'αὐτὸν νομάδες ἄνθρωποι Λιξῖται βοσκήματ' ἔνεμον.
[3] I, xxxiii, 5 : ... οἱ δὲ μέτρα φάμενοι γῆς εἰδέναι, Λιξίτας καλοῦσι, Λιβύων οἱ ἔσχατοι, πρὸς Ἄτλαντι οἰκοῦσι· σπείροντες μὲν οὐδὲν, ἀπὸ δὲ ἀμπέλων ζῶντες ἀγρίων.

avec les populations noires; c'est au Lixos, enfin, que la relation punique fait commencer le désert [1].

Ces indications sont décisives. Comment M. Vivien de
Saint-Martin, qui admet la correspondance du Drâa et du
Darat de Polybe, le Daradus de Ptolémée, a-t-il pu méconn-
aître l'identité de ce même Drâa et du Lixos d'Hannon? Le
rapport que l'auteur du *Nord de l'Afrique dans l'antiquité* établit
entre le Lixos et l'Oued Sous paraît être la conséquence de la
position qu'il assigne aux cinq colonies liby-phéniciennes indiquées par le Périple au nord du Lixos. M. Vivien de Saint-
Martin les retrouve entre Mogador et Agadir.

Ici encore le savant géographe ne nous paraît pas avoir été
heureusement inspiré en repoussant l'opinion du plus érudit
de ses devanciers. Movers avait supposé, d'après un ensemble
de considérations d'une valeur incontestable, que les cinq
colonies repeuplées par Hannon devaient s'échelonner sur la
côte du Sous entre l'Atlas et l'Oued Noun. C'est là, croyons-
nous, qu'on doit effectivement les chercher. Là seulement se
rencontrent les conditions indispensables à l'existence de colonies commerciales : des produits à exporter et des ports qui
permettent de les exporter. Les ports se retrouvent dans le
mouillage d'Agadir ainsi que dans les estuaires des principaux
cours d'eau qui arrosent le Sous. Les productions naturelles
de cette contrée, la plus riche que l'on connaisse en mines de
toute espèce [2], et les produits du Soudan dont elle se trouve

[1] Λαβόντες δέ παρ' αὐτῶν ἑρμηνέας, παρεπλέομεν τὴν ἐρήμην πρὸς μεσημ-βρίαν...

[2] « Ce qui abonde en ce pays et suffirait à faire la richesse de ses habitants, s'ils étaient plus industrieux et moins barbares, ce sont les minéraux. Il y en a de toute espèce et partout. A chaque pas on me de-mandait, en me faisant les offres les plus engageantes, si je ne connaissais pas l'art de la métallurgie, en même temps qu'on m'indiquait l'emplacement de mines ex-ploitées autrefois par les Roumis. » (Joa-chim Gatell, *Description du Sous*, dans le *Bulletin de la Société de géographie*, mars-avril 1871.) Cf. Jackson.

plus rapprochée qu'aucune autre région de l'Afrique septentrionale, devaient amplement défrayer les comptoirs liby-phé-
niciens et justifient leur existence sur cette côte privilégiée,
alors que rien ne l'explique si on les place, avec M. Vivien
de Saint-Martin, au nord de l'Oued Sous.

Il n'est guère possible, toutefois, d'aller au delà de cette
affirmation générale. La topographie du Sous, suffisamment
connue dans ses traits principaux, ne l'est pas assez dans ses
détails pour que nous puissions préciser l'emplacement des
colonies du Périple [1].

La même réserve nous est imposée par l'insuffisance de nos
notions actuelles quant à la détermination des diverses positions indiquées par Ptolémée entre le Subus et le Daradus. Il
est évident que le Salathus, le Chusarius, l'Ophiodès, le
Nouïos et le Massa de la Table ptoléméenne, comme le Cosé-
nus et le Masatat de Polybe, se retrouvent dans les principaux
cours d'eau du Sous : l'Oued Massa, l'Acif, l'Oued Garizim,
l'Oued Gueder, l'Oued Boueda, l'Oued Haouary Ourah ou
Aoreora et l'Oued Assaka. Nous regardons comme prématurée,
toutefois, toute tentative qui aurait pour objet d'établir chacune de ces synonymies. Nous ne possédons que des informations assez vagues, quand elles ne sont pas contradictoires,
sur la situation respective de ces cours d'eau [2]. Nous ne sommes

---

[1] C. Müller place la première, Καρικὸν Τεῖχος, dans le voisinage du Tensift, M. Vivien de Saint-Martin l'identifie à Mogador et fait correspondre Gytte à Kou-leikat, Melitta à l'Oued Beni Tamer et Arambys à Agadir. Il n'indique aucun équivalent pour Acra.

Movers n'a déterminé qu'une seule de ces positions, celle de Καρικὸν Τεῖχος qu'il identifie avec raison à Agadir, et c'est la seule, en effet, que l'on puisse proposer avec quelque vraisemblance.

[2] C'est ainsi que l'Oued Boueda et l'Oued Haouary Ourah, que M. de Kerhal-let indique au nord du cap Noun (Ras Sidi Ouorzek), sont placés au sud de ce même cap par Joachim Gatell, le dernier explo-rateur du Sous. L'Oued Assaka d'Arlett devient l'Oued Drah de la carte de Ker-hallet qui donne le nom d'Assaka à l'Oued

guère mieux renseignés sur leur nomenclature : les noms diffèrent et l'orthographe est toujours douteuse. Nous ne savons pas, d'un autre côté, jusqu'à quel point les listes de Ptolémée nous donnent la véritable succession des localités antiques : certains indices nous feraient croire à des transpositions [1]. Les deux bases essentielles de toute étude sérieuse nous manquent à la fois, et nous devons renoncer à une analyse qui ne pourrait nous conduire qu'à rapprocher d'un texte probablement altéré des renseignements topographiques certainement inexacts.

Guader. Kerhallet donne enfin le nom de Wad Chibika au véritable Oued Drâa, alors que ce nom de Chibika paraît appartenir en réalité à un ruisseau insignifiant situé au sud du Drâa.

[1] Le Σάλαθos, par exemple, que la Table ptoléméenne nomme immédiatement après le Subus, paraît avoir pris la place du Μάσσα, dont le nom se retrouve dans celui de l'Oued Massa, le premier cours d'eau que l'on signale au sud de l'Oued Sous. La Σαλουεντία ou Σολουεντία ἄκρα a probablement subi un déplacement analogue par rapport au Νούϊos.

TABLEAU COMPARATIF
DE LA NOMENCLATURE DE LA CÔTE OCCIDENTALE.

HANNON.	SCYLAX.	POLYBE.	STRABON.	MÉLA.	PLINE.	PTOLÉMÉE.	CORRESPONDANCES ACTUELLES.
»	Πόλις ἐν ποταμῷ?......	....	Τίγγις...........	TINGE........	a COLONIA IVLIA TRADVCTA...	Τίγγις [ἢ καὶ] Καισάρεια........	TANGER.
»	»	»	Αἱ Κώτεις..	PROMONTORIVM AM- LVSIA.		Κώτης ἄκρον.............	Cap Spartel ou Ras Achakkar. (Ichbertil d'El-Bekri.)
»	Κώτης κόλπος μέγας.....	....				....	De la falaise méridionale du Ras Achakkar à la pointe d'El-Akouas.
»	Πουνίων τόπος καὶ πόλις...	....				....	Hadjerilu et Cherf el-Akab.
»	Κηφησίας λίμνη μεγάλη...	....				....	Bas-fonds du Mharhar et du Tahaddart.
»	Ἑρμαία ἄκρα..........	....				....	Ras el-Kouas.
»	Ἀνίδης ποταμὸς καὶ λίμνη..	....				....	Cours inférieur de l'Oued el-Aïacha. (Oued el-Kouas.)
»	»	»	»	ZILIA fluvius.....		Ζιλεία ποταμοῦ ἐκβολαί...	Oued el-Halou. (Oued Acila d'El-Bekri.)
»	»	»	Ζῆλις.	ZILIA.........	a COL. IVLIA CONSTANTIA....	Ζιλία ἡ Ζαλεία..........	Azila.
»	Δίξος ποταμός.........	....		LIXVS flumen....	a amnis..........	Αἶξ ποταμοῦ ἐκβολαί......	Loukkos.
»	Δίξος πόλις Φοινίκων..	LIXVS......	Λίξος, Τρίγξ.	LYNX.	a COLONIA CLAVDII CÆS.	Αἶξ πόλις.........	Tchemmich.
»	Πόλις Λιβύων.......	....				....	El-Araïch.
»	»	SINVS SAGVTI...	Ἐμπορικὸς κόλπος...			....	Courbe décrite par la côte d'El-Araïch à Mamaghan.
»	»	MVLELACHA......	....			....	Moula Bou Selham.
»	Κρέβις ποταμὸς καὶ λιμήν..	....			a amnis.............	Σούβουρ ποταμοῦ ἐκβολαί...	Sbou.
...Θυμιατήριον........	Θυμιατηρία.......	....				Σούβουρ?..............	Mehdiya.
»	»	»	»	»		Ἐμπορικὸς κόλπος.........	»
»	»	SALA flumen.....	....		a fluvius.............	Σάλα ποταμοῦ ἐκβολαί......	Bou Ragrag.
»	»	»	»	SALA urbs..	a oppidum.......	Σάλα πόλις.........	Chella et Rbat.
»	»	»	»	»	»	Δούου ἢ Δάου ποταμοῦ ἐκβολαί....	Oued el-Miah ou Oued el-Kantara.
»	»	»	»	»	»	Ἄτλας ἐλάττων, ὄρος	Collines entre Dar el-Beïda et Azemmour.

HANNON.	SCYLAX.	POLYBE.	STRABON.	MÉLA.	PLINE.	PTOLÉMÉE.	CORRESPONDANCES ACTUELLES.
»	»	»	»	»	»	Κούσα ποταμοῦ ἐκβολαί.......	Oued Merzek.
»	»	Anatis flumen....	....	....	.. flumen..............	Δράμα ποταμοῦ ἐκβολαί........	Oum er-Rbia'.
»	»	Rvtvbis portus...	....	......	....	Ῥουσίβις λιμήν.............	Mazaghan ou El-Bridja.
»	»	»	»	»	»	Διούρ ποταμοῦ ἐκβολαί.........	Dala de Oualidiya (ancien port d'Aïylr).
»	»	»	»	»	»	Ἥλίου ὄρος................	Cap Cantin (Ras Kantin).
»	»	»	»	»	»	Μυσοκάρας λιμήν.............	Asfi ou Safi.
»	»	»	»	»	»	Φθούθ (ἢ Θούθ) ποταμοῦ ἐκβολαί..	Tensift.
»	»	»	»	»	»	Ἥρακλέους ἄκρον.............	Ras el-Hadid.
»	»	»	»	»	»	Ταμούσιγα..................	Mogador (Souera).
»	»	»	»	»	»	Οὐσσάδιου ἄκρον.............	Cap Sim (Ras Tagrioualt).
»	»	»	»	»	»	Σούρυγα..................	Koubia, sur l'Oued Tidsi.
»	»	»	»	»	»	Οὔνα ποταμοῦ ἐκβολαί.........	Oued Igouzoul (ou Oued Tafetna).
»	»	»	»	»	»	Ἄγνα ποταμοῦ ἐκβολαί........	Oued Beni Tamer.
»	»	»	»	»	»	Σάλα ποταμοῦ ἐκβολαί........	Oued Tamrakt.
»	»	»	»	»	»	Ἄτλας μείζων, ὄρος.........	Montagnes des Ida n'-Tenân. (Grande chaîne atlantique.)
Καρικὸν Τεῖχος....	....	Risardia portus...	....	»	»		Agadir.
Γύττη......	»	Cosenvs flumen...	....	»	»	Σούδου ποταμοῦ ἐκβολαί........	Oued Sous.
»	»	Selatiti...	....	»	»	Σαλάθου ποταμοῦ ἐκβολαί.....	
Ἄκρα......	....	»	»	»	.. flumen	Χουσάριος ποταμοῦ ἐκβολαί.....	Oued Garizim, Oued Bouada, Oued Haouara, Ourah, Oued Assaka. (Gytte, Acra, Melitt et Arambys devaient être situées à l'emboucbure des principaux cours d'eau du Sous entre Agadir et l'Assaka.)
Μέλιττα.....	....	»	»	»	»	Γανναρία ἄκρα................	
»	»	»	»	»	»	Ὀφιώδους ποταμοῦ ἐκβολαί.....	
Ἄραμβυς.....	....	»	»	»	»	Βεγαζεὶ ἢ Βάγαζα πόλις........	
»	»	»	»	»	»	Νουίου ποταμοῦ ἐκβολαί........	
»	»	»	»	»	»	Σαλουεντία (ἢ Σολουεντία) ἄκρα..	
»	»	Masati Masatat fl.	....	»	»	Μάσσα ποταμοῦ ἐκβολαί........	Oued Massa.
»	»	»	»	»	»	Ἰάρζεισα πόλις...............	»
Λίξος ποταμὸς μέγας.	Σιῶν ποταμός....	Darat flumen....	....	»	»	Δαράδου ἢ Δάρκοος ποταμοῦ ἐκβ.	Oued Drâa.

DEUXIÈME PARTIE.
L'INTÉRIEUR DE LA TINGITANE.

CHAPITRE PREMIER.
LES VOIES ROMAINES. (Voy. Pl. V.)

L'*Itinéraire d'Antonin* ne mentionne que deux voies romaines dans toute la Tingitane, l'une conduisant de Tingis
au poste avancé d'Ad Mercurios situé à 16 milles au delà de
Sala, l'autre se détachant de la première, à 18 milles de
Tingis, pour aboutir à Tocolosida, le point le plus éloigné que
l'occupation romaine paraisse avoir atteint dans la direction
du sud-est.

Ces deux routes ne semblent pas avoir existé à l'état de
viæ stratæ; nulle part, du moins, pas même aux abords de
stations aussi importantes que Lixus ou Volubilis, nous
n'en avons trouvé le moindre vestige : le tracé des deux routes
antiques n'est jalonné que par quelques débris de ponts. Nous
n'avons pas rencontré, d'ailleurs, et l'on n'a jamais découvert,
que nous sachions, une seule borne milliaire. En rapprochant
ce dernier fait des inexactitudes évidentes dont sont entachées
les données numériques de l'Itinéraire aussi bien que les distances indiquées par Pline entre divers points dont les positions sont bien établies, on est conduit à affirmer que les
routes de la Tingitane n'avaient été ni mesurées ni tracées.
Les deux voies qui figurent sur le Routier romain n'étaient
vraisemblablement, comme les sentiers qui sillonnent encore
aujourd'hui le Maroc, que de simples pistes, tracées au prin-

temps par les caravanes, effacées à l'automne par les pluies
torrentielles qui précèdent l'hiver.

Il est facile de s'expliquer, du reste, que la Maurétanie
soit restée en dehors du réseau routier qui couvrait le reste
de l'empire. Le terrain compris entre Tingis et Sala se compose de plateaux sablonneux ou rocheux alternant avec des
plaines d'alluvions : une voie régulièrement tracée et empier-
rée était inutile sur les terrasses toujours praticables, même
dans la saison des pluies, qui séparent les bassins du Mharhar, de l'Oued Kharroub, du Loukkos, du Sbou et du Bou
Ragrag; il était impossible de l'établir dans ces mêmes bassins, complétement inondés en hiver, ou du moins on n'aurait
pu le faire qu'au prix de travaux énormes : la traversée
de la seule plaine du Subur aurait nécessité la construction d'un *agger* de près de vingt lieues dans un bassin où
l'on est fort en peine de trouver, je ne dirai pas une pierre,
mais un caillou. La route qui conduisait du bassin du Lixus
à Tocolosida, en contournant la grande plaine du Subur, aurait été aussi difficile, sinon à tracer, du moins à entretenir;
elle longeait, en effet, les contre-forts méridionaux des massifs
du Rif, du Tselfat et du Zerhoun, et là, comme dans la
plaine, chaque hiver détrempe ces pentes marneuses, les ra-
vine, les creuse et emporte la piste de l'été précédent.

Ces difficultés du terrain, qui rendaient la construction de
voies régulières plus utiles dans la Tingitane que partout ailleurs, n'auraient sans doute pas arrêté l'administration romaine
si les nécessités du commerce ou de la défense avaient absolument exigé des moyens de communication permanents et régu-
liers. Tel ne paraît pas avoir été le cas. Le trafic, peu considérable selon toute apparence, qui s'effectuait entre l'intérieur
de la Tingitane et la côte, trouvait un moyen de transport

aussi rapide qu'économique dans les deux grandes artères fluviales qui aboutissaient à Lixus et à Sala. Quant aux intérêts de la défense, quelques postes militaires, et les deux colonies de Volubilis et de Babba qui jouaient sans doute un rôle analogue, semblent avoir suffi pour protéger efficacement le triangle fort limité dans lequel se renfermait l'occupation romaine. En somme l'obscure province que nous a dépeinte Méla[1] n'a jamais eu une importance assez grande pour que Rome y livrât, contre la nature des choses et l'inertie de la race indigène, ces luttes dont tant de travaux gigantesques ont, partout ailleurs, en Afrique, éternisé le souvenir.

§ Ier.

LA VOIE DE TINGIS À AD MERCURIOS.

Le point de départ de cette route, dans l'*Itinéraire,* est le poste d'Ad Mercurios, le point le plus avancé qu'ait atteint l'occupation romaine au sud-ouest : la voie, dont le parcours total est évalué à 175 milles, aboutit à Tingis en passant par les stations de Sala, Thamusida, Banasa, Frigidæ, Lix, Tabernæ, Zilis et Ad Mercuri.

Trois de ces stations, Zilis, Lixus et Sala étaient déja connues. Un heureux hasard m'ayant fait retrouver en 1871, lors de ma première excursion dans l'intérieur, l'emplacement de Banasa, la détermination de ce quatrième point facilitait singulièrement celle des stations d'Ad Mercuri, de Frigidæ et de Thamusida, placées désormais chacune entre deux positions connues. La découverte de Banasa indiquait en même temps la véritable direction de la voie romaine. La position de Zilis,

---

[1] I, v : «Ceterum regio ignobilis, et vix quicquam illustre sortita, parvis oppidis habitatur, parva flumina emittit, solo quam viris melior, et segnitia gentis obscura. »

de Lixus et de Sala avait toujours fait supposer jusqu'alors que la route antique longeait le littoral; Banasa se trouvant, en réalité, à plus de 30 milles dans l'intérieur, il devenait évident que la voie, à partir de Lixus, s'éloignait du rivage pour ne le rejoindre qu'à Sala.

La détermination exacte du tracé n'était plus dès lors qu'une question de distances à vérifier. Nous nous sommes attaché à entourer la solution de ce problème de toutes les garanties possibles en nous imposant la tâche de suivre, de Tanger à Sla, le parcours qu'on avait toujours assigné à la « voie du littoral », et de Sla à Tanger le tracé tout différent dont la position de Banasa révélait l'existence.

1. — AD MERCURI[1].

Mannert et Lapie placent cette première station, d'après Gräberg de Hemsö, à Almadrones, localité dont le nom, complétement inconnu dans le pays, appartient à la nomenclature espagnole. Almadrones, d'après la carte de Gräberg, serait la baie que dessine, au sud du cap Spartel, la falaise dans laquelle on a voulu retrouver la grotte d'Hercule. Nous n'avons pas besoin de faire ressortir l'invraisemblance d'une synonymie qui intervertit les distances indiquées par l'*Itinéraire* entre Tingis, Ad Mercuri et Zilis : Almadrones est à deux heures et demie de Tanger et cinq heures d'Azila.

MM. Renou et Vivien de Saint-Martin placent Ad Mercuri au sud de l'embouchure du Tahaddart que le premier de ces deux auteurs confond avec la Ghrifa. Cette seconde hypothèse, qui ne repose que sur le calcul des distances en ligne

AD MERCVRI.
Dchar Djedid
دشر الجديد

---

[1] Un certain nombre de manuscrits donnent la variante « Ad Mercurios » que nous réservons, avec Wesseling, pour l'*exploratio* voisine de Sala. La leçon « Ad Mercuri » a l'avantage de distinguer les deux stations.

droite, tombe à son tour devant l'examen des localités. Il est
matériellement impossible que la voie romaine ait suivi la direction qu'on lui assigne à travers les impraticables bas-fonds
de Kâa er-Remel et du Mharhar pour aboutir à l'obstacle in-
franchissable qu'offre le large et profond estuaire du Tahaddart.

La voie qui reliait Zilis à Tingis suivait nécessairement le
tracé de la seule route qui existe encore aujourd'hui entre
Tanger et Azila. Les difficultés du terrain ne permettent pas
d'admettre un parcours différent. De Tingis, la route antique
se dirigeait sur la pointe orientale de la colline d'Aïn Daliya,
gagnait de là les hauteurs de Dar Aklâou, traversait la vallée de
l'Oued el-Kharroub au point où le fleuve devient guéable, et
atteignait Ad Mercuri sur les hauteurs d'El Garbiya, au village
de Dchar Djedid, là même où nous avons retrouvé les ruines
d'une ville romaine assez considérable.

Ce tracé est jalonné par une série de vestiges antiques. On
remarque l'amorce d'un pont de construction romaine sur la
rive gauche d'un des ruisseaux fangeux qui descendent des
hauteurs de Bou Amar et coupent la route actuelle entre Bah-
reïn et Aïn Daliya. Les ruines qui existent à la pointe occidentale de la colline d'Aïn Daliya, et auxquelles les indigènes
donnent le nom de Souiyar, sont vraisemblablement celles
d'un poste militaire destiné à défendre le défilé que traversait
la voie antique entre cette pointe et le Mharhar. On retrouve
enfin les vestiges de trois autres ponts, les deux premiers sur
le Mharhar et l'un des bras morts de sa rive droite, à égale
distance de Souiyar et de Mechra'at ech-Chedjra; le troisième
sur une fondrière qui aboutit à l'Oued el-Kharroub entre Mechra'at el-Hihoui et Mechra'at el-Hechaf.

Les ruines d'Ad Mercuri couvrent un plateau de forme

elliptique, allongé de l'ouest à l'est, et rattaché au massif
de la Gharbiya par un étranglement d'une centaine de mètres.
Deux profonds ravins, le Khandak el-Hadjel au nord, et le
Khandak el-Djenânat au sud, descendent de cet étranglement
vers la vallée de l'Oued el-Kharroub et formaient de puissantes
défenses naturelles complétées par une muraille qui suivait
exactement les contours assez accidentés du plateau. Le développement de cette enceinte peut être évalué à près de trois
milles romains; le grand axe de l'ellipse mesure 1,250 mètres;
le plus petit 550. La ligne des remparts est à peine indiquée
par quelques débris sur la partie septentrionale du plateau
que couvrent d'ailleurs presque entièrement les constructions
et les jardins de Dchar-Djedid. Elle est très-reconnaissable,
au contraire, à l'ouest, où un mur puissant fermait l'étranglement dont nous avons parlé; au sud, où l'on retrouve sur
plusieurs points des vestiges d'un mur semblable, et surtout à
l'est, où l'enceinte, formée de gros blocs régulièrement taillés,
s'étend sans interruption d'Aïn Kheïl à la coupure par laquelle
le chemin de Tanger débouche sur le plateau.

En dehors et à peu de distance, au sud-est, de cette partie
de l'enceinte, on remarque un édifice rectangulaire, mesurant
environ 25 mètres sur 12 et bâti en blocage revêtu d'un ciment
lisse d'une extrême dureté. La hauteur de cette construction,
adossée à la colline, varie suivant la pente du terrain de 1 à
3 mètres. Les murailles, très-épaisses, sont soutenues par de
puissants contre-forts. L'intérieur du rectangle est partagé par
de solides murs de refend en quatre compartiments qui communiquent les uns avec les autres. L'ensemble de cette construction offre tous les caractères d'un réservoir ou d'une ci-
terne non couverte. Les indigènes la désignent sous le nom de
El-Heri, « le magasin à blé. » L'édifice que nous venons de

décrire est le seul monument de quelque importance qu'offrent les ruines d'Ad Mercuri.

L'amphithéâtre, ou plus exactement, je crois, le théâtre qu'avait signalé Davidson [1] et que M. Drummond Hay, consul général d'Angleterre à Tanger, a encore vu en 1842, n'existe plus, à moins que l'enceinte semi-circulaire qu'on remarque non loin d'Aïn Kheïl n'en représente les derniers vestiges. Chaque jour, du reste, voit diminuer le nombre des débris antiques qui couvraient, il y a quelques années encore, le plateau de Dchar Djedid : les indigènes brisent les blocs qui gênent les travaux du labourage et l'on peut constater, d'une année à l'autre, avec quelle rapidité s'accomplit cette œuvre de destruction.

La partie orientale de l'enceinte d'Ad Mercuri est celle où ces vestiges sont encore le plus nombreux. Elle paraît avoir formé le castrum et nous avons retrouvé, sur le point culminant, le soubassement d'un édifice assez considérable qui représente sans doute le temple auquel la ville antique avait dû son nom.

On ne compte pas moins de six heures, ou 36 kilomètres, entre Tanger et Dchar Djedid. La distance indiquée par l'*Itinéraire* est donc trop faible de 6 milles. Il en est de même de celle que le Routier romain indique entre Ad Mercuri et Zilis : les deux heures de marche qui séparent en droite ligne Dchar Djedid d'Azila représentant au moins 8 milles. Cette double inexactitude ne saurait s'expliquer, d'ailleurs, par une erreur de chiffres puisque Pline évalue à 25 milles la distance totale de Tingis à Zilis : elle prouve que la route n'avait pas été mesurée : là, comme ailleurs, les distances semblent avoir été

[1] Voy. Renou, *Description du Maroc*, p. 13.

évaluées d'abord en heures de marche qu'on aurait ensuite multipliées par le chiffre 3 pour les convertir en milles.

D'Ad Mercuri à Zilis, la voie romaine paraît avoir longé l'extrémité nord-ouest du plateau de la Gharbiya jusqu'à l'Oued el-Aïacha : les vestiges de pont qu'on remarque à Mechra'at el-Ghrifa peuvent faire supposer qu'elle franchissait le fleuve là même où on le passe encore aujourd'hui. De là, elle se dirigeait en droite ligne sur Zilis (Azila) à travers le plateau qui sépare l'Oued el-Aïacha de l'Oued el-Halou, en laissant sur la droite les marécages formés par le premier de ces deux cours d'eau.

2. — TABERNÆ.

L'*Itinéraire* compte 14 milles de Zilis à Tabernæ, 16 de Tabernæ à Lixus, et Pline évalue à 32 milles la distance totale qui séparait les deux points extrêmes[1]. Azila n'étant qu'à 22 milles d'El-Araïch, en suivant le littoral, la voie romaine devait décrire vers l'intérieur, entre Zilis et Lixus, un angle analogue à celui qu'elle présentait entre Tingis et Zilis.

Ce détour, comme le précédent, s'explique par les difficultés du terrain. Trois chemins peuvent conduire d'Azila à El-Araïch. Le premier, qui est le plus direct, longe la côte et passe par Sidi bou Mghaïts et Haffat el-Beïda; difficile dans la bonne saison, il est tout à fait impraticable lorsque les pluies ont détrempé les pentes marneuses qu'il gravit ou descend tour à tour : les caravanes ne s'y engagent jamais. La seconde route traverse le massif montagneux d'Es-Sebt et d'El-'Onsar et présente les mêmes difficultés. La troisième tourne ce

TABERNÆ.
Lella Djilaliya
لالة الجلالية

[1] V, 1 : « Ab eo xxv M. pass. in ora Oceani Colonia Augusti Julia Constantia Zilis.. et ab ea xxxii M. passuum Colonia a Claudio Cæsare facta *Lixos*. »

même massif et passe par Houmar, Lella Djilaliya, Zeïtoun Oulad ben Hellâl, Aïn Kta et El-Khmis. C'est cette dernière route qu'on suit presque toujours.

La direction de la voie est indiquée, entre Azila et Houmar, par les restes d'un pont antique jeté sur l'Oued Touareus es-Sahel : une des culées subsiste encore avec l'amorce de la voûte ; elle est construite en pierres de petit appareil, séparées par des cordons de briques. Le ciment est d'une extrême dureté. Deux gisements de ruines assez considérables se rencontrent en outre entre Houmar et El-Araïch, à Lella Djilaliya et à Zeïtoun Oulad ben Hellâl.

Les ruines qu'on remarque sur ce dernier point sont celles d'un bourg ou d'une grande villa : assez étendues, mais très-confuses, elles couvrent le sommet et la pente méridionale d'un petit plateau sous lequel passe la route de Tanger à El-Araïch. On retrouve sur le plateau même beaucoup de pierres taillées, soit dispersées, soit entassées par les indigènes pour former l'enceinte des trois ou quatre *heuch* qui couronnent la colline. Les pentes du plateau sont couvertes de débris de tuiles, de grandes briques et de fragments de blocage. L'espace dans lequel s'accumulent ces décombres est circonscrit par un ressaut de terrain qui permet d'évaluer à un demi-mille environ le périmètre de l'établissement antique.

Zeïtoun Oulad ben Hellâl est à 3 heures 35 minutes d'Azila et 3 heures 15 minutes de Tchemmich, alors que l'*Itinéraire* indique 14 milles entre Zilis et Tabernæ, et 16 milles entre Tabernæ et Lixus. La proportion des deux distances se trouvant intervertie, la station de Tabernæ doit être cherchée plus près d'Azila. Lella Djilaliya, située à 3 heures de cette dernière ville et 3 heures 45 minutes de Tchemmich, se trouve précisément aux distances proportionnelles, et, à très-peu de chose près, aux distances absolues indiquées par l'*Itinéraire*. Nous considérons cette synonymie comme d'autant plus probable qu'il n'existe aucun autre gisement de ruines dans le rayon où l'on peut chercher l'équivalent de Tabernæ.

Les ruines de Lella Djilaliya couvrent l'extrémité septentrionale d'un plateau baigné par l'Oued el-Ghanem ou Oued es-Sebt, le seul cours d'eau qui se jette dans l'Océan entre Azila et El-Araïch. L'enceinte de la ville antique, parfaitement reconnaissable, présente un développement de 975 mètres. Le terrain se relève à l'angle nord-est. C'est sur cette plate-forme naturelle que s'élevait le castrum, isolé de la ville proprement dite par une ligne de murailles construites en pierres de grand appareil. Le développement de l'enceinte du castrum est d'environ 369 mètres.

La surface de la ville antique est presque entièrement couverte aujourd'hui par un épais fourré d'oliviers sauvages, sous lequel se sont amoncelés les débris. Le seul édifice dont le plan soit reconnaissable est situé dans le castrum : construit en belles pierres de taille de 95 centimètres de longueur sur 56 centimètres de hauteur et 45 centimètres d'épaisseur, il se compose d'une enceinte principale divisée en un certain nombre de salles, et précédée d'une autre enceinte. Les murs ne dépassent pas la hauteur du sol actuel. Une fouille pratiquée à l'intérieur de la salle centrale m'a permis de constater que, du sol actuel jusqu'au *pavimentum*, le mur, formé de quatre assises, présente une hauteur de 2 mètres 18 centimètres. Les briques calcinées et les masses de métal fondu qu'on retrouve dans les décombres prouvent que l'édifice a été incendié.

A en juger par les ruines qui couvrent le plateau de Lella

Djilaliya, en dehors de l'enceinte, les faubourgs de Tabernæ devaient égaler en étendue la ville proprement dite.

A partir de Tabernæ, la voie romaine suivait le plateau assez élevé d'El-Khmis, où se trouvent les ruines d'une villa antique, et descendait directement sur Lixus, en laissant à droite la route de Tanger à El-Araïch.

3. — FRIGIDÆ.

FRIGIDÆ.
Soueïr.
صوير

Pline évalue à 75 milles la distance qui séparait Lixus de Banasa[1] : l'*Itinéraire* ne compte que 16 milles de Lixus à Frigidæ et 24 ou 34[2] de Frigidæ à Banasa, en tout 40 ou 50 milles. Si le chiffre donné par Pline n'est pas purement et simplement une erreur, l'écart entre les deux données numériques est trop considérable pour qu'elles s'appliquent au même tracé : on peut l'expliquer, d'ailleurs, par l'étude des communications actuelles.

Deux routes, en effet, peuvent conduire de Tchemmich (Lixus) à Sidi Ali bou Djenoun (Banasa). La première, de beaucoup la plus longue, remonte la vallée du Loukkos jusqu'à la hauteur de Ksar el-Kebir, traverse le défilé de l'Oued Ma el-Berda et redescend le cours de l'Oued Mda jusqu'à Sidi Aïssa bel Ahsen, d'où elle gagne directement le Sbou. Le développement de ce tracé paraît être de 68 à 70 milles romains : on peut donc le considérer comme l'évaluation approximative d'une des deux voies qui conduisaient de Lixus à Banasa.

La seconde route, traversant le plateau que contourne la première, se dirige en droite ligne sur Sidi Ali bou Djenoun

---

[1] V, 1 : «... Ab Lixo.... Banasa LXXV. M. Valentia cognominata.»

[2] Le manuscrit P donne le chiffre 24 adopté par Parthey. — Tous les autres donnent le chiffre 34. — Ce dernier, sans être exact, se rapproche davantage de la distance réelle.

en passant par Soueïr, la vallée de l'Oued Drader et la coupure qui sépare le Djebel Bourk des collines d'Aïn Ksab. Plus courte et plus facile que la première, elle a dû être, à l'époque romaine, comme elle l'est encore aujourd'hui, la voie de communication la plus fréquentée entre le bassin inférieur du Lixus et le cours moyen du Subur. Elle représente évidemment le tracé de l'*Itinéraire*.

Mais si la direction générale de la voie romaine n'est pas douteuse, il est fort difficile d'appliquer les chiffres du Routier romain aux distances constatées par la carte.

La distance qui sépare Tchemmich de Sidi Ali bou Djenoun peut être évaluée à 69 kilomètres et demi, ou 46 milles trois quarts [1]. Le chiffre total de 40 milles indiqué par l'*Itinéraire* entre Lixus et Banasa est donc trop faible : celui de 50 milles un peu trop fort.

Les distances partielles sont également fausses : de Tchemmich à Soueïr, que nous considérons comme l'équivalent de Frigidæ, il n'y a pas moins de 26 kilomètres, ou 17 milles et demi; de Soueïr à Sidi Ali, 43 kilomètres et demi, soit un peu moins de 29 milles un tiers.

La synonymie de Frigidæ et de Soueïr n'en est pas moins probable. Les ruines de Soueïr sont les seules qui existent entre Lixus et Banasa, et les sources d'eau vive près desquelles elles se trouvent peuvent expliquer le nom qu'avait reçu la station antique [2].

---

[1] J'ai compté 4 heures entre El-Araïch et Soueïr; 4 heures entre Soueïr et Aïn Ksab; 3 heures entre ce dernier point et Sidi Ali bou Djenoun. Chaque heure de la première et de la troisième étape représentant 6,500 mètres, ces sept heures donnent un total de 45 kilomètres et demi. J'estime à 24 kilomètres seulement la distance parcourue dans la seconde étape; notre marche avait été ralentie par le mauvais temps et n'a pas dû dépasser une moyenne de 6 kilomètres par heure.

[2] Le nom de Frigidæ est exactement traduit par celui d'Oued Ma el-Berda, « la

La station de Frigidæ, à en juger par le caractère particulier et le peu d'importance des vestiges qu'elle a laissés, n'a jamais dû être autre chose qu'un poste militaire.

Les ruines de Soueïr se réduisent à un rectangle exactement orienté et mesurant à l'intérieur 120 pas du nord au sud sur 96 de l'est à l'ouest. L'*area* offre une surface parfaitement plane. Les murailles sont construites en pierres de moyen appareil et présentent le même aspect que le rempart méridional de Lixus et que l'angle nord-nord-est des murs d'Ad Mercuri. Il ne reste guère de cette enceinte qu'un pan de 6 ou 7 mètres de longueur et de 1 mètre et demi de hauteur, sur la face méridionale du rectangle. Partout ailleurs le rempart n'est plus indiqué que par une sorte d'*agger* formé par les décombres accumulés. Les pierres du revêtement auraient été employées jadis, au dire des indigènes, à construire un moulin dont les ruines existent encore à peu de distance sur l'Oued Soueïr.

A une centaine de pas de l'enceinte, vers le sud, et près d'une source appelée Aïn el-Hammam, on remarque quelques blocs antiques et une grande dalle de marbre gris. La source elle-même est entourée d'une muraille construite avec des matériaux romains. D'après la tradition locale, un aqueduc aurait amené autrefois dans les ruines mêmes de Soueïr les eaux d'une autre source plus éloignée appelée Aïn Smit[1].

rivière aux eaux froides, » donné à l'un des cours d'eau qu'on rencontre sur la première des deux routes que j'ai décrites. On serait donc tenté de chercher de ce côté les ruines de Frigidæ si les distances se rapprochaient davantage de celles de l'*Itinéraire*; mais il n'en est pas ainsi : l'Oued Ma el-Berda est à 32 milles environ de Lixus et 35 de Banasa. Il n'existe d'ailleurs, sur ce point, aucun vestige antique.

[1] Bien que ces mots *Aïn Smit* aient, à la rigueur, une signification en arabe, عين اصبت, « la source sauvage, » les indigènes n'y attachent aucun sens, et je serais tenté d'y voir une altération du mot berbère *semtit* qui traduit exactement le mot latin *Frigidæ*.

4. — BANASA.

Les ruines de Banasa, situées sur la rive gauche du Sbou, couvrent un monticule allongé, à triple sommet, perpendiculaire au fleuve qui en baigne la pointe septentrionale, et d'autant plus remarquable, bien que sa hauteur absolue ne dépasse pas une vingtaine de mètres, que l'immense plaine qu'il domine n'offre, à perte de vue, aucun accident de terrain appréciable. Dans ce bassin si fertile, mais souvent inondé par le fleuve et toujours profondément détrempé dans la saison des pluies, la modeste colline qui porte aujourd'hui la *koubba* de Sidi Ali bou Djenoun a toujours dû être un centre de population indiqué par la nature des lieux. C'est là que nous retrouvons, en effet, la principale station de la voie qui conduisait de Lixus à Sala, et déjà dans la seconde moitié du Ier siècle, cette station était devenue une colonie [1] sous le nom de *Banasa Valentia.*

Il n'est pas probable toutefois, à en juger par le peu d'étendue de ses ruines, qu'elle ait jamais été très-prospère. Ptolémée la nomme cependant parmi les villes remarquables de la Tingitane.

Le développement de l'enceinte de Banasa, mesuré à la base de la colline, peut être évalué à 1,100 mètres. Du sud-ouest au nord-est, c'est-à-dire dans le grand axe de l'ellipse allongée que forme la ville antique, on compte 618 pas, ou un peu plus de 400 mètres.

La ligne des murs, presque entièrement détruite, n'offre de spécimen bien marqué qu'à la pointe sud-ouest où l'on reconnaît, entre deux tours ou plutôt deux saillants carrés, les traces d'une des portes. L'appareil des murailles, composé de pierres

COLONIA ÆLIA
BANASA.
Sidi Ali bou
Djenoun.
سيدي على الجنون

---

[1] Pline, V, 1 : « Tertia... Banasa Valentia cognominata. »

d'une dimension moyenne, unies par un ciment d'une grande
dureté, est identique à celui des remparts romains de Lixus.

Dans l'enceinte même de la cité antique, il n'existe aucun
débris de quelque importance. On remarque seulement, sur
la partie méridionale du plateau, une sorte d'enceinte rectangulaire formée par une ligne de blocs de très-grandes dimensions mais disjoints et assez irrégulièrement disposés; elle ne
mesure pas plus de 12 pas sur 15.

Au nord de l'extrémité de la colline qui touche au Sbou
une dépression de terrain, de forme semi-circulaire et assez
profonde, indique peut-être l'emplacement d'un théâtre : la
disposition naturelle du terrain paraît avoir été utilisée pour
la *cavea*.

Non loin de là, on aperçoit dans la berge très-escarpée du
Sbou quelques blocs qui indiquent l'emplacement du pont
sur lequel la voie romaine franchissait le Subur. Les indigènes
m'ont affirmé que des vestiges de ce pont existent dans toute
la largeur du lit du fleuve.

L'emplacement de Banasa est couvert de débris de tuiles,
de briques, de poterie et de gros blocs de pierre ou de marbre
parmi lesquels j'avais remarqué, lors de ma première exploration, une base de colonne et deux beaux chapiteaux corinthiens en marbre blanc. Je ne les ai pas retrouvés à ma seconde visite, et j'ai constaté en même temps la disparition
d'une portion notable du *saxum quadratum,* pierre ou marbre.
Informations prises, j'ai su que les indigènes venaient de cinq
ou six lieues à la ronde s'approvisionner à Sidi Ali bou Djenoun des pierres qui manquent absolument dans la plaine
du Sbou. A deux ans de distance, les ressources qu'offrent à
cet égard les ruines de Banasa avaient assez diminué pour que
j'en fusse frappé, et je m'explique sans peine aujourd'hui l'ex-

trême rareté des vestiges antiques au Maroc : le marbre sert à faire de la chaux et les belles assises romaines disparaissent une à une, réduites en moellons ou dispersées dans les douars où elles servent surtout de lavoirs aux femmes arabes.

La synonymie de Banasa et de Sidi Ali bou Djenoun est certaine : elle résulte de l'inscription suivante que j'ai trouvée, le 14 novembre 1871, sur le versant nord-ouest de la colline (voy. Pl. VI, fig. 1) :

```
        ..ATICO PONTI...
        ...XIMO TRIBVNI...
        ...ESTATIS·P·P·COS·
        ...ANTIBVS·C·CASTRIC··
        ..IIOⁱ ET Q.IVNIO GA...
           ... IIVIRIS·COL
            .ELIAE BANASAE
            . ·D·D·D
```

Ainsi que l'a constaté mon savant ami, M. Ernest Desjardins, à qui je m'étais empressé de communiquer ce texte[1], l'inscription est une dédicace de l'empereur Commode et date de l'année 177. Elle nous apprend que Banasa avait échangé, à l'époque des Antonins, son surnom de *Valentia* contre celui d'*Ælia*, ou y avait tout au moins ajouté ce dernier.

---

[1] *Rev. archéol.* déc. 1872, nouv. sér. t. XXIV, p. 366-367. Voici la restitution proposée :

```
       imp.   caesari
    m.  aurelio  commodo
      augusto  germanico
    sarMATICO PONTIfici
    maXIMO TRIBVNIciac
    poteSTATIS·C·CASTRICio
    ..IIOⁱⁱET·Q·IVNIO·GA...
       IIVIrIS COL
      aELIAE BANASAE
        D    D    D
```

5. — THAMUSIDA.

THAMVSIDA (It.).
Θαμουσίδα (Ptol.).
Sidi Ali ben
Hamed.
سيدي على بن احمد

L'*Itinéraire* place Thamusida à égale distance (32 milles) de Banasa et de Sala. Cette indication m'avait amené à supposer que les ruines de cette station devaient se retrouver sur le Sbou, à 4 heures environ de son embouchure.

C'est précisément sur le point que je considérais, *a priori*, comme l'emplacement probable de Thamusida que j'ai retrouvé, en 1874, en explorant le cours du Sbou de Mehdiya à Sidi Ali bou Djenoun, les ruines assez étendues d'une ville antique qui ne peut être que la station de l'*Itinéraire*.

Ces ruines, dominées aujourd'hui par la *koubba* de Sidi Ali ben Hamed, sont situées à 7 heures et demie de Sla et 8 heures de Sidi Ali bou Djenoun; mais cette dernière distance, mesurée sur la route qui longe constamment la rive droite du Sbou, n'est que de 7 heures et demie lorsqu'on suit le tracé antique. Ainsi que j'ai pu m'en assurer par les vestiges de ponts qu'on remarque à Sidi Ali ben Hamed et au *had* ou marché des Oulad Djelloul, la voie romaine, tracée de Sala à Thamusida sur la rive gauche du Subur, franchissait le fleuve à Thamusida même pour éviter les marais de l'Oued Beh't, et repassait sur la rive gauche, à la hauteur du *had* des Oulad Djelloul pour gagner directement Banasa, située, comme Thamusida, sur cette même rive gauche. Les ruines de Sidi Ali ben Hamed se trouvent donc, en réalité, à égale distance de Sla et de Sidi Ali bou Djenoun. Les 15 heures qui séparent ces deux derniers points représentant, d'ailleurs, à une vitesse moyenne de 6 kilomètres par heure, les LXIV milles indiqués par l'*Itinéraire* entre Banasa et Sala, l'identité de Thamusida et de Sidi Ali ben Hamed est certaine. J'ajouterai que les ruines de

Sidi Ali ben Hamed sont les seules qui existent dans tout le bassin inférieur du Sbou [1].

Thamusida s'étendait sur un plateau incliné en pente douce, du sud au nord, dont la base est baignée par le fleuve. L'enceinte subsiste seule aujourd'hui. Bien que fort mutilée au nord et à l'est, elle est assez reconnaissable cependant pour qu'on puisse la suivre dans tout son périmètre. Elle présente la forme d'un parallélogramme modifié par un plan coupé à l'angle sud-est et flanqué, à l'angle sud-ouest, d'un *castrum* rectangulaire d'une centaine de mètres, comprenant la partie la plus élevée du plateau. C'est sur ce tertre que s'élève la koubba de Sidi Ali ben Hamed.

Le développement total de l'enceinte peut être de 1,500 à 1,600 mètres. Le front sud a 400 mètres environ en y comprenant le *castrum* avec lequel il se confond. Le front ouest, au contraire, ne commence qu'à l'angle nord-est du *castrum* et peut avoir 280 mètres : le mur, à 60 mètres environ de ce même angle, forme un redan sur lequel s'ouvrait une des portes. Le front nord, long de 360 mètres, est parallèle au Sbou et plonge en partie dans la berge : sur d'autres points la berge s'éloigne du rempart et offre des débris assez importants d'un quai bâti en pierres de grand appareil.

A 200 mètres de l'angle nord-est on remarque, sur les bords du Sbou, les vestiges du pont dont j'ai parlé; le lit du fleuve, sur ce point, est traversé, m'ont assuré les indigènes, par une ligne de décombres.

L'*area* de la ville antique, cultivée par les Beni Ahsen qui

---

[1] J'ai retrouvé quelques vestiges romains, probablement ceux d'une villa, sur la rive gauche du Sbou, dans l'intérieur d'une boucle formée par le fleuve à la hauteur du Had des Oulad Djelloul. Les indigènes appellent cette localité *El-Khaloua* « la solitaire ».

campent dans le voisinage, n'offre plus aucun débris appréciable; mais les indigènes y trouvent toujours, à l'époque des labours, des médailles et des fragments de poterie.

Il existe, en outre, en face de Sidi Ali ben Ahmed, sur la rive droite du Sbou, des vestiges assez considérables d'une enceinte bâtie en pierres de grand appareil : ces ruines, qui portent le nom de Fghaïna, sont vraisemblablement celles d'un poste militaire.

De Thamusida, la voie romaine gagnait probablement Sala par la route qu'on suit encore aujourd'hui et qui longe la lisière de la forêt de Mâmoura.

6. — AD MERCURIOS.

L'exploratio ad Mercurios, située à 16 milles au delà de Sala, n'a laissé aucune trace. Toutes les recherches que j'ai faites pour la retrouver sont demeurées sans résultat.

D'après l'hypothèse la plus généralement adoptée, le poste d'Ad Mercurios aurait été situé sur l'Oued Ikkem, à 3 heures et demie ou un peu plus de 16 milles romains de Sala, et à peu de distance du littoral. La donnée numérique de l'*Itinéraire* nous conduirait à le placer entre l'Oued Ikkem et l'Oued Cherrat, non loin du point où s'élève aujourd'hui le poste marocain de Kasba Djedida. C'est à partir de l'Oued Ikkem, du reste, que la route du littoral devient dangereuse : les hauteurs qui la dominent se rattachent, comme nous l'avons dit, aux montagnes berbères. *L'exploratio ad Mercurios* avait vraisemblablement pour objet de contenir ou de surveiller les incursions des Autololes; les trois kasbas que l'on rencontre aujourd'hui entre l'Oued Ikkem et Fdala ont été construites dans un but analogue.

§ II.

LA VOIE DE TOCOLOSIDA À TINGIS.

La domination romaine ne paraît pas avoir dépassé, au sud-est, le Djebel Zerhoun. Ni Léon l'Africain, ni les géographes arabes du moyen âge ne signalent de vestiges antiques au delà de ce massif montagneux dans lequel se retrouvent les traces de plusieurs établissements romains. Placé comme une forteresse naturelle entre Fez et Meknès, dominant à l'est le cours supérieur du Sbou, au nord et au sud les derniers contreforts du Rif et de l'Atlas, à l'ouest, les plaines immenses qui s'étendent entre ces mêmes contre-forts et l'Océan, le Zerhoun, dans le système d'occupation restreinte qui avait été adopté pour la Tingitane, était la limite naturelle en même temps que l'un des principaux boulevards de la province. C'est de là que partait la route conduisant de Tocolosida à Tingis par Volubilis, Aquæ Dacicæ, Gilda, Vioscianæ, Tremulæ, Oppidum Novum, Ad Novas et Ad Mercuri où elle rejoignait la voie de Tingis à Sala.

I. — VOLUBILIS.

De ces différentes stations, une seule, Volubilis[1], avait pu jusqu'ici être approximativement déterminée. La longueur totale de la route, l'indication de Pline qui place Volubilis à égale distance des deux mers, l'existence de ruines romaines dans le Zerhoun, près de la ville berbère de Oualili, l'identité très-vraisemblable de ce nom de Oualili et de celui de la sta-

VOLVBILIS.
Ksar Faràoun
قصر فرعون

---

[1] *Volubilis* (Méla, III, x). — *Volubile oppidum* (Pline, V, 1). — Ούολουβιλίς (Ptol. IV, 1, 14; VIII, XIII, 6). — R. P. VOLVBILITANORVM. — MVNICIPIVM VOLVBILITANVM (Inscript.). — *Volubilis Colonia* (It. Ant.).

tion antique, avaient fait supposer que Volubilis devait se re-
trouver dans le massif du Zerhoun, soit à Ksar Farâoun où
Windus, en 1721, avait vu des ruines considérables, soit à
Moula Idris que Léon l'Africain affirmait avoir succédé à une
ville romaine. On ignorait toutefois la situation exacte de Ksar
Farâoun et de Moula Idris ainsi que leur position respective.
Aussi, tandis que certains géographes faisaient correspondre
Ksar Farâoun à Volubilis, d'autres le considéraient comme
l'équivalent de Tocolosida [1].

J'ai pu visiter le Zerhoun au retour d'une mission qui
m'avait appelé à Meknès en 1874, et fixer toute la topographie de cette contrée jusqu'alors si mal connue.

Les ruines de Ksar Farâoun sont celles de Volubilis : cette
synonymie est assurée par deux documents épigraphiques.

Ksar Farâoun est situé sur le versant occidental du Zerhoun
à 6 heures sud-est de Sidi Gueddar, 3 heures 35 minutes
sud-est de Sidi Kassem, à 3 heures 45 minutes nord de Meknès, et 20 minutes nord-ouest de Moula Idris. On compte
11 heures 30 minutes de marche, à 6,500 mètres par
heure, entre Ksar Farâoun et Sidi Ali bou Djenoun. Volubilis
était donc à 50 milles romains de Banasa, et non pas à

---

[1] Volubilis est identifiée à Moula Idris
par Gräberg de Hemsö et Renou ; à Sidi
Kassem par Lapie; Mannert la place à
Gualili ou Oualili, d'après Léon l'Africain ; .
mais la position qu'il assigne à Oualili est
fausse puisqu'il la suppose située sur le
Sbou, à 35 milles de Banasa qu'il identifie à Mâmora (Mehdiya). Il y a là toute
une série d'erreurs provenant des indications mal comprises de Léon l'Africain,
d'un renseignement erroné de Pline, et
de la fausse direction attribuée à la route
de Tingis à Sala. Forbiger donne également la synonymie de Oualili qu'il fait
correspondre à Moula Idris.

Tocolosida pour Mannert est Mghila,
située dans le Zerhoun, à 7 heures de
Moula Idris. Lapie l'identifie à un bordj
voisin de Sidi Kassem; M. Renou à Ksar
Farâoun; Gräberg de Hemsö, avec sa lé-
gèreté habituelle, la place à Amergo, entre
le Sbou et le Ouargha. Il est vrai qu'il
place Moula Idris, sur sa carte, à 22 lieues
au nord de Meknès, alors que la distance
réelle est de 3 heures et demïe.

35 milles comme l'a affirmé Pline. Le même auteur ajoute que Volubile était située à égale distance des deux mers[1]; cette seconde indication est plus vraie : Ksar Farâoun est, à quelques milles près, également éloigné de Sala et de la côte du Rif. Mannert, qui reproche à Pline de n'avoir pas compris sa propre donnée, s'est complétement trompé lui-même sur le sens de la phrase de l'encyclopédiste romain, en supposant que le mot *tantumdem* se rapportait à la distance précédemment indiquée de 35 milles, et que cette double distance conduisait à deux points différents du littoral atlantique. M. Renou s'est également mépris sur le sens de ce passage de Pline lorsqu'il propose de remplacer le chiffre 35 par celui de 85, représentant la distance qui séparait Volubilis de l'Atlantique et de la Méditerranée.

Les ruines de Ksar Farâoun couvrent une éminence de forme elliptique projetée par un contre-fort du Zerhoun. Deux profonds ravins défendent à l'ouest et à l'est le plateau sur lequel s'élevait Volubilis : l'Oued Farâoun le baigne au sud-est et au sud[2].

L'enceinte, construite en pierres de grand appareil et flanquée de tours rondes, présente un développement de 4,580 pas ou 3,664 mètres : le diamètre, du nord au sud, est d'environ 900 mètres : le grand axe de l'ellipse en mesure 1,300. Quatre portes, dont trois sont encore parfaitement reconnaissables, donnaient accès dans la ville : la première s'ouvre au nord-nord-est, près du ravin oriental; la seconde au nord, à 690 pas environ de la première; la troisième à l'ouest, à 640 pas de la seconde. La quatrième porte a disparu avec une

[1] V, 1 : « Ab ea (Banasa) xxxv m. pass. Volubile oppidum, tantumdem a mari utroque distans. »

[2] L'Oued Farâoun prend sa source dans le Zerhoun, à Aïn Chânech, et se jette dans le Rdem, tributaire du Sbou.

portion de l'enceinte : mais elle devait se trouver au sud, à 1,600 pas de la troisième et 1,620 de la première, en face d'un pont dont les amorces existent encore sur les deux rives de l'Oued Farâoun.

Volubilis a longtemps servi de carrière : c'est de là qu'ont été tirés les matériaux employés à la construction des principaux édifices de Meknès[1]. Une des portes de l'enceinte du palais impérial, Bab Mansour el Euldj, est ornée de colonnes du plus beau marbre et de chapiteaux corinthiens d'un travail remarquable. C'est surtout sous le règne de Moula Ismaïl que la ville antique a été dépouillée au profit de Meknès. Aussi le plateau de Volubilis n'offre-t-il plus que deux grands édifices encore debout.

Le premier est un arc de triomphe dont Windus a donné un dessin assez grossier, mais d'autant plus précieux que le monument a beaucoup souffert depuis l'époque où le voyageur anglais a visité Ksar Farâoun. L'arc n'avait encore perdu qu'une partie de son entablement : la voûte s'est écroulée depuis : il ne reste aujourd'hui que les pieds-droits et les premiers voussoirs.

L'arc de triomphe a 20^m,10 de largeur sur 4^m,65 de profondeur. L'arcade a 6^m,50 d'ouverture : d'après Windus sa hauteur, sous la clef de voûte, était de 26 pieds anglais. Les pieds-droits, larges de 6^m,80, offrent sur la façade orientale deux fausses niches, hautes de 2^m,80 sur 1^m,40 de largeur, d'une structure assez étrange : deux monolithes forment les montants sur lesquels reposent deux blocs inclinés l'un vers l'autre à 40 degrés.

Je n'ai retrouvé que deux des quatre fragments d'inscrip-

[1] On voit encore sur la route de Ksar Farâoun à Meknès, au bas de la descente d'Akabat el-Arabi, une vingtaine de gros blocs qu'on a renoncé à transporter plus loin et qui gisent là depuis deux siècles.

tion recueillis par Windus au pied de l'arc de triomphe, et que nous reproduisons ci-dessous : les deux autres (n°ˢ 1 et 4) ont été ensevelis sous les débris de la voûte :

N° 1.	N° 2.	N° 3.	N° 4.
MAX·B	MAX·G		IIIICO
ETĪVLI	VGPIAE	ICIMA	ETPATRIA
ITANO	ΛOBSI	EMEIV	
ICIPES	LGÉNTI	RCVM	
EET	INTE·M.		
	IENDV		

L'étude de ces fragments, qu'on n'avait jamais essayé d'interpréter jusqu'ici, permet de reconstituer la plus grande partie du texte :

IMP·CAES·M·AVRELIO SEVERO ANTONINO PIO FELICI AUG·PARTHICO
MAX·BRɪᴛ·MAX·Gᴇʀᴍᴀɴɪᴄᴏ ᴍᴀx·ᴘᴏɴᴛ·ᴍᴀx·ᴛʀɪʙ ᴘᴏᴛ·xvɪlII COsiĩĩ·ɪᴍᴘ·ĩɪ ᴘ·ᴘ·ᴘʀᴏᴄᴏs
ETĪVLɪᴀᴇAVG·PIAEғᴇʟICIMAᴛʀɪ ᴄᴀsᴛʀᴏʀᴠᴍ ᴇᴛ sᴇɴᴀᴛ ET PATRIAᴇ ʀ·ᴘ·ᴠᴏʟᴠʙɪʟ
ITANOʀᴠMOBSIɴɢᴠʟᴀʀEMEIVSᴇʀɢᴀ ᴅᴇᴠᴏᴛɪssɪᴍᴏs ɴᴠᴍɪɴɪʙɪᴠs·ᴍᴠɴ
ICIPESɪɴᴅᴠʟGENTIᴀᴍᴀRCVMᴛʀɪᴠᴍᴘʜᴀʟᴇᴍ ᴀ sᴏʟᴏ ᴅ·ᴅ·ғᴇᴄɪᴛ ᴄᴠʀᴀɴᴛ
EETDᴇᴅɪᴄᴀɴTEM·ᴀɴᴛᴏɴIO.......
.........ғᴀᴄIENDVM...........

L'inscription nous paraît donc donner d'une manière certaine :

1° Les noms des personnages en l'honneur desquels l'arc de triomphe de Ksar Farâoun a été élevé : Caracalla et Julia Domna;

2° L'année dans laquelle ce monument a été construit : le surnom de *Germanicus* indique que l'édifice n'est pas antérieur à l'année 213. La première ligne du quatrième fragments, d'autre part, contient évidemment la dernière partie du chiffre de la puissance tribunitienne; ce chiffre, qui ne peut être que xvɪɪɪɪ, nous donne la date exacte, 216;

3° L'ethnique du municipe par lequel l'arc a été érigé, *Volubilitani*.

La dédicace de l'arc de triomphe de Volubilis est à peu près conçue dans les mêmes termes que celle de l'arc de Djemila, également élevé en l'honneur de Caracalla et de Julia Domna. Les deux édifices ont été construits à la même époque et sans doute à la même occasion; peut-être lors d'un voyage de Caracalla en Afrique, ce que semblerait indiquer le titre de *Proconsul* qui lui est donné dans l'inscription de Djemila et que j'ai cru devoir rétablir dans celle de Ksar Farâoun.

Le second monument de Ksar Farâoun s'élève à 100 pas environ de l'arc de triomphe de Caracalla. Ce sont les ruines assez importantes d'un grand édifice, probablement d'une basilique, dont l'enceinte mesure $43^m,89$ du nord au sud, sur $25^m,20$ de l'est à l'ouest. La *cella,* longue de $29^m,09$, est séparée des deux *pronaos* que présente l'enceinte au nord et au sud par une sorte de portique composé de deux arcades superposées de $2^m,25$ d'ouverture et d'une large baie de $11^m,70$. Quatre portes latérales donnaient accès dans la *cella.* Toute la partie orientale de la basilique n'est plus qu'un monceau de décombres; la façade occidentale, bien que fort mutilée, offre encore des vestiges assez considérables pour qu'on puisse juger de l'ensemble de l'édifice; deux des arcades des extrémités sont encore debout, ainsi que la partie attenante de l'enceinte; la partie intermédiaire s'est écroulée sur une étendue de 18 mètres environ, probablement par l'effet d'un tremblement de terre; à en juger par la disposition des assises, régulièrement couchées les unes sur les autres, la muraille a été renversée d'un seul coup par une secousse violente agissant sur la base.

L'enceinte est ornée à l'extérieur de deux étages de colonnes engagées : le diamètre de ces demi-colonnes est de 48 centimètres; le large pilier, sur lequel elles sont appliquées, présente de chaque côté du fût une saillie de 35 centimètres. La largeur de chaque entre-colonnement est de 2m,65. En rapprochant ces mesures de la longueur totale de l'édifice, on trouve que le nombre des colonnes engagées était de douze à chaque étage. La hauteur du monument a été estimée par Windus à 60 pieds.

Les débris de fûts, de bases et de chapiteaux, qui existent encore dans l'enceinte de la basilique, prouvent qu'une double colonnade reliait, à l'intérieur, les deux portiques du nord à ceux du sud. Le diamètre des bases de colonne est de 1 mètre; celui des fûts est de 75 centimètres à la base. Les chapiteaux sont formés de feuilles trilobées d'un travail très-simple.

L'édifice que nous venons de décrire occupe, comme l'arc de triomphe, une sorte de terre-plein qui forme le point culminant du plateau de Volubilis. C'est sur le bord de ce terre-plein et à quelques pas du portique méridional du temple que j'ai retrouvé et estampé l'inscription suivante qui avait échappé à Windus et au baron d'Augustin, mais que M. Drummond Hay, consul général d'Angleterre, avait déjà copiée en 1842[1] (voy. Pl. VI, fig. 2) :

```
Q·CAECILIO Q FILIO.
DOMITIANO CLAVDIA
VOLVBILITANO DECV
RIONI MVNICIPIÍ
VOLVBILITANI AN
NORVM X Á Q CAE
CILIVS.......AGRA
CILIS IICI........:
ANTONIA........
.I.IIOÍÍ.........
......V..........
```

[1] Une copie très-imparfaite de cette inscription avait été envoyée, en 1835, à M. Hay, par un taleb de Moula Idris, Mohammed ben Mohammed es-Sahli.

L'inscription est gravée sur une table de calcaire dans un encadrement formé par une double torsade et une guirlande de rinceaux. L'encadrement, mesuré à l'intérieur, a 1^m,20 sur 60 centimètres. La hauteur des lettres est de 9 centimètres. L'angle inférieur de la dalle, à droite, a été emporté par une cassure qui se prolonge jusqu'au centre de l'inscription.

Ainsi qu'on le voit, l'épitaphe de Q. Caecilius Domitianus, décurion de Volubilis, donne deux fois l'ethnique dont les fragments de l'inscription de l'arc de Caracalla offrent la dernière partie, et justifie la restitution que nous avions proposée.

J'ai trouvé, en outre, sur la pente que domine la plate-forme du temple, les deux inscriptions suivantes :

N° 1.

M.FABIO L.FIL CL
ROGATO AN X̄VĪI
L.FABIVS CRISPVS
PATER
FILIO PIĪSSIMO POS

L'épitaphe est gravée sur un piédestal, dont la partie supérieure est percée de deux trous.

N° 2.

C . . . . . ONIO
A. . . . .
DIC. . . . .

Cette inscription était gravée sur un piédestal semblable à celui de l'épitaphe n° 1. La surface de la pierre a malheureusement été enlevée par une cassure.

Un peu plus bas, et sur la même pente, on remarque trois ou quatre monuments funéraires d'une forme toute particulière : je ne puis les comparer qu'à un volume relié posé sur la tranche de face. Gravées en très-petits caractères, les épitaphes sont illisibles, sauf quelques fragments de formules bien connues [1].

Les carrières d'où ont été tirés les magnifiques matériaux qui ont servi à la construction de Volubilis sont situées à un quart d'heure de la ville antique, au-dessus du village berbère de Fartassa. On y remarque encore quelques blocs à demi détachés.

Le pont dont on retrouve les vestiges au sud du plateau de la ville antique reliait à Volubilis un faubourg assez considérable dont les ruines, d'ailleurs très-confuses, s'étendent sur la rive gauche de l'Oued Farâoun. Un autre faubourg paraît avoir existé à l'ouest, au delà du ravin qui aboutit à ce même cours d'eau [2]. Un mur construit en moellons l'avait rattaché, à une époque postérieure, à l'enceinte principale.

Le bourg de Moula Idris, habité par une population de Cheurfa, est situé à vingt minutes de Ksar Farâoun dans une des gorges les plus sauvages du Zerhoun : la ville s'étage pittoresquement sur les deux versants d'un ravin. Léon l'Africain qui la place, sous le nom de Gualili, à 8 milles de Ksar Farâoun, n'a certainement visité ni l'une ni l'autre de ces deux localités; de Ksar Farâoun, en effet, on aperçoit très-distinctement Moula Idris : les renseignements d'après lesquels il les a

---

[1] Les estampages que j'ai essayé de prendre ont été détruits par une pluie d'orage contre laquelle il m'a été impossible de les défendre, tout ce que nous possédions de manteaux servant, à ce moment, à protéger l'estampage bien autrement important de la pierre tumulaire de Q. Caecilius.

[2] D'après une note manuscrite de M. Drummond Hay, qui m'a été communiquée par son fils, sir John Drummond Hay, ministre de S. M. B. à Tanger, un autre pont existait encore, en 1842, au sud-ouest de la ville. Il n'en reste aucune trace aujourd'hui.

décrites paraissent d'ailleurs inexacts, en ce sens qu'il n'existerait pas de ruines romaines à Oualili et que les détails donnés sur cette dernière localité s'appliquent évidemment à Ksar Farâoun [1].

2. — TOCOLOSIDA.

La direction générale de la route de l'intérieur prouve que Tocolosida, le point extrême de ce tracé, était au sud de Volubilis. Les notations de Ptolémée le démontrent également. L'*Itinéraire* place cette dernière station à 3 ou 4 milles de la précédente. Le chiffre III, donné par le plus ancien manuscrit, paraît être le vrai : j'ai retrouvé en effet, à 45 minutes (4 kilomètres et demi) au sud de Ksar Farâoun, sur la route de Meknès, quelques vestiges antiques bien caractérisés. Le sol présente, sur une certaine étendue, des restes de murailles construites en pierre de grand appareil : le seuil de quelques édifices est encore visible avec les trous destinés à recevoir les gonds des portes. Plus voisines de Meknès que celles de Volubilis, ces ruines ont dû, à plus forte raison, souffrir du voisinage de la ville arabe et l'on s'explique facilement la disparition de la plus grande partie des matériaux. L'emplacement qu'elles couvrent est d'ailleurs parfaitement choisi pour un poste avancé : la ville était située à l'extrémité du grand plateau que le Zerhoun projette entre l'Oued Chedjra et l'Oued Rdem et dominait les plateaux immenses, mais moins élevés,

---

[1] *Descr. Afr.* p. 381 : « *Gualili oppidum.* A Romanis in summitate prædicti montis iis temporibus exstructum est quibus illi Granatam Bœticæ regebant. Undique muris ex lapide elaborato maximæque crassitudinis cinctum est.

« *Pharaonis palatium.* Exigua civitas a Romanis in summitate cujusdam montis exstructa, a Gualili circiter octo distat miliaribus..... Mihi potius persuasum est ex latinis litteris civitatis muris insculptis conditores habuisse Romanos. In hujus circuitu duo præterfluunt utrimque fluvioli. »

qu'occupe aujourd'hui Meknès et qui s'étendent jusqu'aux montagnes des Béni Mtir.

3. — AQUÆ DACICÆ, GILDA, VIPOSCIANÆ, TREMULÆ, OPPIDUM NOVUM, AD NOVAS.

De Volubilis jusqu'à Ad Mercuri, dont la synonymie est assurée, l'*Itinéraire* compte 126 milles, équivalant à 186 kilomètres et demi. C'est à peu près la seule indication qui nous permette de déterminer le tracé de la voie antique.

Deux routes conduisent aujourd'hui de Ksar Farâoun à Tanger. La première, qui est la plus courte, débouche du plateau de Volubilis dans la plaine du Sbou par le défilé de Bab Tisra Djorf, près de Sidi Kassem, et se dirige sur Ksar el-Kebir par la vallée de l'Oued Mda et les défilés de l'Oued Ma el-Berda. Elle n'est praticable que dans la belle saison, les pluies d'hiver transformant le bassin du Sbou en une vaste fondrière : on n'y rencontre d'ailleurs aucun vestige antique. La seconde route contourne ce même bassin par les hauteurs qui le dominent au sud-est et à l'est. De Ksar Farâoun, elle suit le versant ouest du Zerhoun, passe par le col de Zeggôta qui relie ce massif à celui du Tselfat et longe les pentes occidentales du Tselfat jusqu'au Sbou qu'elle traverse à Had Tekna. Elle abandonne à partir de ce point sa direction primitive, sud-nord, pour prendre celle du nord-ouest, se dirige sur Had Kort et Basra et rejoint la première route dans le défilé de l'Oued Ma el-Berda. Le développement de ce second tracé jusqu'à Ksar el-Kebir est de 125 kilomètres et demi. En ajoutant à ce chiffre les 63 kilomètres qui séparent Ksar el-Kebir de Dchar Djedid (Ad Mercuri), on obtient un total de 188 kilomètres et demi qui représente à 2 milles près les 126 milles de l'*Itinéraire*.

Cette seconde route est très-probablement le tracé de la voie antique, et c'est sur ce parcours que doivent se retrouver les six stations échelonnées entre Volubilis et Ad Mercuri [1].

La première station, Aquæ Dacicæ, peut être identifiée avec certitude à Aïn el-Kibrit, source sulfureuse située au-dessous du pic du Tselfat, à 3 heures 50 minutes de Ksar Farâoun : la distance est d'un peu moins de 24 kilomètres (23 kilomètres 950 mètres) et représente, par conséquent, les 16 milles de l'*Itinéraire*. Aïn el-Kibrit est évidemment la source thermale à laquelle fait allusion le nom d'*Aquæ*.

De Ksar Farâoun à Aïn el-Kibrit, le tracé de la route est jalonné par une série de vestiges antiques. On en rencontre à Aïn Chkour, à trois quarts d'heure de Volubilis ; à Aïn Taslat, à une heure plus loin, et à Aïn Hamdi, entre Zeggôta et Aïn Kibrit. Mais ces ruines, incontestablement romaines, sont les dernières qu'on rencontre jusqu'à Ksar el-Kebir. A partir d'Aïn Hamdi, on ne trouve plus un seul bloc de *saxum quadratum*. Nous ne prétendons pas en conclure, du reste, qu'il n'existe point de ruines antiques dans toute cette région : les villages berbères y sont nombreux, et il est fort possible que ces enceintes, inaccessibles au voyageur européen, cachent les débris que j'ai vainement cherchés. Je me borne à constater que mes investigations ont été infructueuses [2]. C'est donc uniquement

---

[1] L'étude des distances ne permet pas d'identifier Aquæ Dacicæ, Gilda et Viposcianæ, ainsi qu'on l'a fait jusqu'ici, à Mergo, Halouân et Ouezzân, situés bien en dehors du tracé que nous avons décrit. Mergo, d'après les renseignements de Jean Léon, serait très-probablement une ville romaine ; Ouezzân, d'après les informations que j'ai recueillies, offre des vestiges antiques ; mais, en l'absence de tout document épigraphique qui nous permette d'affirmer la fausseté des chiffres de l'*Itinéraire*, nous devons les considérer comme exacts et nous y sommes d'autant plus obligés que le tracé antique présente, comme on l'a vu, le même développement que la route actuelle.

[2] Il ne serait pas impossible, d'ailleurs, que la voie romaine eût suivi, de Had Tekna au Djebel Kort, un tracé plus rap-

à titre de conjectures que je propose les synonymies suivantes :

GILDA.
El-Haliyn.
الحليين

Les 12 milles qui séparaient Aquæ Dacicæ de Gilda nous
feraient placer cette station à El-Haliyn, au delà du Sbou, là
même où la voie antique changeait de direction. En décrivant
la route de Sebta à Fez par Aftès, Abou Obeïd el-Bekri parle
d'une ville d'Assada, située à 6 milles au sud-est de Medinat
ou Iddjadjin et à peu de distance de l'Oued Ouargha. « Elle
renferme, » ajoute le géographe arabe, « quelques restes d'anciens monuments... Tout auprès, sur le bord de la route, on
remarque quatre statues ou stèles. » Il est malheureusement
impossible de retrouver aujourd'hui Assada : elle n'a laissé ni
traces ni souvenirs. Autant qu'on en peut juger par les indications très-vagues d'El-Bekri, elle devait être située non loin
d'El-Haliyn, entre le Sbou et le Ouargha [1].

Il existe au nord-est de la position que nous proposons pour
Gilda une tribu de *Mesgilda*. Il est facile de retrouver dans ce
composé berbère le nom de la station antique, précédé du
mot libyen *mes* qui a la même signification que le mot arabe
Beni.

VIPOSCIANÆ
ou VOPISCIANÆ.
Djebel Kort.
جبل كورط

De Gilda à Viposcianæ ou Vopiscianæ, l'*Itinéraire* compte
23 milles. Cette distance conduit, de l'emplacement que nous
avons assigné à Gilda, au Djebel Kort où Abou Obeïd el-Bekri
signale une ancienne ville déjà ruinée au XIe siècle. Le plateau

proché du Sbou dont la route actuelle s'é-
loigne aujourd'hui afin de pouvoir franchir le Ouargha sur un point où il est plus
facilement guéable. Les circonstances dans
lesquelles j'ai visité cette partie du Maroc
ne m'ont pas permis, à mon grand regret,
de l'explorer complétement.

[1] Une statue de bronze a été trouvée,

en 1834, à trois heures environ au sud
du Ouargha par des indigènes qui la bri-
sèrent immédiatement et en vendirent les
débris à un juif de Tanger. M. Drummond
Hay, qui acheta quelques-uns de ces fragments, n'a pas pu savoir à quel endroit
précis la statue avait été découverte.

isolé et fort élevé du Djebel Kort constitue une excellente position défensive et a dû être utilisé dans le tracé de la route qui reliait Tingis à Tocolosida. Il est très-possible que les ruines berbères dont j'ai constaté l'existence sur le point culminant de ce plateau recouvrent celles de Viposcianæ.

Viposcianæ a été identifiée par Mannert à Mergo, par Gräberg à Hadjar el-Hamra, le Petra Rubra de Jean Léon, par Lapie à Souk el-Arba, sur la route de Ksar el-Kebir à Meknès par le bassin du Sbou. Barth et M. Renou la font correspondre à Ouezzân, située à 4 ou 5 heures au nord-est du Djebel Kort. Cette dernière synonymie ne repose que sur l'analogie qu'on a cru pouvoir établir entre le nom moderne et le nom antique sous la variante *Vopiscianæ*. Ce rapprochement assez douteux est encore moins vraisemblable si la forme *Viposcianæ* est la vraie. Le nom d'Ouezzân, d'ailleurs, paraît de date assez récente : on ne le trouve pas dans les géographes arabes du moyen âge. Ouezzân, quel que fût son nom, n'en existait pas moins à l'époque romaine : je tiens du chef de l'ordre religieux de Moula Taïeb, dont cette ville est la résidence, qu'on y trouve souvent des poteries et des monnaies anciennes. Luimême aurait découvert, il y a quelques années, en creusant les fondations de sa maison, trois rangées de tombeaux antiques superposés.

TREMVLÆ.
Basra.
البصرة

La station de Tremulæ, placée par l'*Itinéraire* à 19 milles (28 kilomètres 139 mètres) de la précédente et à 12 milles (17 kilomètres 772 mètres) d'Oppidum Novum, nous paraît correspondre aux ruines de Basra. Fondée vers le milieu du IXᵉ siècle par Mohammed Ibn Idris, Basra était située sur un plateau qui commande, à l'ouest, la vallée de l'Oued Mda, à l'est la route d'Ouezzân, au nord-est une vallée qui débouche dans le bassin du Loukkos, au sud enfin, la route conduisant de Ksar el-Kebir à Fez et Meknès. L'importance d'une telle position permet de supposer que Basra n'avait fait que succéder à une ville antique.

Basra est un des exemples les plus frappants de la rapidité avec laquelle disparaissent, au Maroc, des centres de population qui, partout ailleurs, laisseraient au moins des vestiges de leur ancienne prospérité. De cette grande ville qui couvrait deux collines et dont l'enceinte, au rapport d'El-Bekri, ne comptait pas moins de dix portes, il ne reste plus aujourd'hui que l'angle nord-ouest du rempart : tout le reste, murailles et monuments, a été complétement anéanti. Le sol est jonché de moellons et de menus débris : on n'y trouve pas un bloc entier. Édrisi, qui écrivait un siècle après Abou Obeïd, parle déjà de Basra comme d'une ville qui avait été *autrefois* considérable.

Si les synonymies de Gilda, de Viposcianæ et de Tremulæ ne sont que probables, la correspondance d'Oppidum Novum et de Ksar el-Kebir paraît certaine. Elle a du reste été déjà proposée par Lapie et M. Renou. Mannert place Oppidum Novum à Narandja, l'une de ces anciennes villes dont parle Léon l'Africain sans en déterminer exactement la position. Gräberg de Hemsö le retrouve à Rabat, sous prétexte apparemment que Rabat ou *Sale Nuova*, comme il l'appelle, est une « ville neuve » par rapport à Salé [1].

---

[1] Gräberg de Hemsö, dont l'ouvrage a longtemps fait autorité et est encore cité en matière de géographie marocaine, ne connaissait pas le pays qu'il a eu la prétention de décrire. Chargé, pendant de longues années, de fonctions consulaires à Tanger, Gräberg ne paraît pas être sorti de cette ville : tous les détails qu'il donne sur l'intérieur sont empruntés à des renseignements fournis par des indigènes et surtout par les différentes communautés juives du Maroc. Son livre fourmille d'erreurs de toute espèce et ne doit être consulté, ainsi que l'a déjà fait observer M. de Slane, qu'avec une extrême circonspection.

Située sur la rive droite du Loukkos, Ksar el-Kebir commande le passage du fleuve au point extrême où la marée s'y fait sentir; elle est la principale ou pour mieux dire l'unique station de la route qui conduit de Tanger à Fez et à Meknès, et elle a certainement succédé à une localité antique. La tradition, rapportée par Léon et Marmol et d'après laquelle cette ville devrait sa fondation à Yakoub el-Mansour, qui lui aurait donné le nom de Kasr Abd el-Kerim, tombe devant le témoignage d'Édrisi qui la connaissait déjà sous ce dernier nom. El-Bekri la désigne sous celui de Souk Kotama[1], en la qualifiant de « grande et magnifique ville ». On peut donc affirmer qu'il n'y a pas eu d'interruption dans l'existence de la station romaine que représentent successivement, au xie siècle, le « grand marché des Kotama », au xiie, le château d'Abd-el-Kerim, et à une époque plus récente Ksar el-Kebir, le « grand « château ».

Ksar el-Kebir, du reste, a été bâtie en grande partie avec des matériaux antiques. Le *saxum quadratum* forme la base ou les fondations de la plupart de ses édifices : le minaret de la grande mosquée est construit tout entier en gros blocs dont les angles et les arêtes, arrondis par le temps, attestent l'origine romaine. C'est sur l'une des assises de ce minaret que j'ai copié, en 1871, l'inscription funéraire suivante :

```
IMOC·NEOC·....ΛOC
TOY·NOMAEYPIHΔ....TPI
ENOAΔEKEIMAIO.....PO
NWIWBIW·ΠA....ΛC
ΛΛEΞΛNΔPO.
        ETWN    K B
```

[1] Et non pas sous celui de Ksar Danhadja, comme le dit M. Renou : dans l'*Iti-* *néraire* d'El-Bekri, Ksar Danhadja est placé plus loin, sur une colline, au sud du

M. Miller reconstitue ainsi ce texte mutilé :

Ζώσ]ιμος νέος, κ.τ.λ.
Τούνομα Εὐριπίδ[ης τῷ ϖα]τρι
Ἔνθαδε κεῖμαι ὀ[λίγῳ χ]ρό
νῳ τῷ βίῳ ϖα[ρασ͡]άς
Ἀλέξανδρος
ἐτῶν κϛ′

Zosime, etc.....

Le nom de mon père est Euripide. Je suis enterré ici après avoir paru peu de temps dans cette vie.

Alexandre, mort à l'âge de vingt-deux ans [1].

Ce document épigraphique semble indiquer l'existence, au IIIᵉ ou au IVᵉ siècle de notre ère, d'une colonie grecque à Oppidum Novum, dont l'importance commerciale remonterait par conséquent bien au delà de l'époque où Ksar el-Kebir était le principal marché des Kotama. Par sa position, au surplus, Oppidum Novum était l'entrepôt naturel des produits qui étaient dirigés sur Lixus par le fleuve.

Une autre inscription qui existait encore il y a quelques années, m'a-t-on dit, près d'une des portes de la ville, a été brisée par un fanatique [2].

Les 32 milles indiqués par l'*Itinéraire* entre Oppidum Novum et Ad Novas se retrouvent, à peu de chose près, entre Ksar el-Kebir et Sidi el-Yemeni : la distance d'un de ces deux points à l'autre est d'environ 45 kilomètres. Le plateau isolé de Sidi Yemeni présente le même aspect et les mêmes avan-

Ad Novas.
Sidi el-Yemeni
سيدى اليماني

Loukkos, tandis que Souk Kotama est située en plaine, au nord de ce fleuve.

[1] E. Miller, *Mél. de philol. et d'épigr.* 1ʳᵉ partie, p. 123-128; Paris, in-8°, 1876.

[2] Un de nos agents consulaires au Maroc possède une statuette de bronze, représentant une bacchante, qui a été découverte dans une fouille à Ksar el-Kebir.

tages que celui de Had el-Gharbiya : c'est le point où s'arrê-
tent les caravanes entre Tanger et Ksar el-Kebir; Ad Novas
devait être également la station intermédiaire entre Tingis et
Oppidum Novum. Le plateau de Sidi el-Yemeni offre de nombreuses traces d'anciennes constructions berbères, mais je n'y
ai pas retrouvé, je dois le dire, de vestiges romains caractérisés.

Les 3 heures de marche qui séparent Sidi el-Yemeni de
Dchar Djedid, où nous avons retrouvé Ad Mercuri, représentent assez exactement les 12 milles indiqués entre cette dernière
station et Ad Novas[1]. Les deux voies antiques se rejoignaient,
comme on le sait, à Ad Mercuri.

CHAPITRE II.

§ Ier.

VILLES ET MONTAGNES DE L'INTÉRIEUR DE LA TINGITANE. — POSTES MILITAIRES.

Méla, Pline, Ptolémée et l'Anonyme de Ravenne nous donnent les noms d'un certain nombre de villes situées dans l'intérieur, en dehors des voies romaines. La Notice des dignités
de l'Empire nous fournit, en outre, quelques indications sur
les postes militaires. La liste des évêchés d'Afrique compléte-
rait la nomenclature géographique de la Maurétanie si nous

---

[1] Ad Novas est identifiée par Mannert
à Houmar, qui se trouve sur un tracé tout
différent, celui de la voie du littoral; par
Lapie à Sidi Mohammed ben Ali, situé à
1 heure 45 minutes seulement de Dchar
Djedid (Ad Mercuri); par M. Renou à
El-Outed ou Mzôra, c'est-à-dire beaucoup
trop près encore de ce dernier point. Mzôra
n'est qu'à deux heures de Dchar Djedid.

L'auteur de la description du Maroc admet,
sur la foi de Davidson, l'existence de ruines
romaines à El-Outed ; le voyageur anglais
s'est trompé et a pris pour des vestiges romains les monuments mégalithiques, d'ailleurs très-remarquables, qui couvrent le
plateau de Mzôra et dont nous donnerons
plus loin la description.

pouvions distinguer les siéges appartenant à la Tingitane de
ceux qui doivent être attribués à la Césarienne. Malheureusement, la géographie comparée de la partie occidentale de nos
possessions algériennes n'est pas encore assez connue pour que
nous puissions, en procédant par voie d'élimination, faire la
part de la Maurétanie Tingitane.

La Prisciana, que Méla cite parmi les trois villes les plus
considérables de l'intérieur se retrouve vraisemblablement
dans la liste de Ptolémée sous le nom de Πτισχίανα ou Πισ-
χίανα. Mais c'est à tort, croyons-nous, qu'on l'a identifiée à la
Viposcianæ de l'*Itinéraire*. Nous trouvons, en effet, dans la liste
des évêques de la Tingitane un *episcopus Priscianensis* ou *Prisia-
nensis;* ce nom de Prisciana s'est donc conservé sans altération
pendant toute la durée de la domination romaine et paraît
s'appliquer à une localité distincte de celle que l'*Itinéraire*
appelle Viposcianæ ou Vopiscianæ. Les notations de la Table
ptoléméenne, d'autre part, placent Prisciana bien en dehors du
réseau des voies romaines, au nord-est du massif montagneux
du Zerhoun. Léon l'Africain signale précisément dans cette
même région une ville d'origine romaine, Mergo, située sur
une hauteur, entre le Sbou et le Ouargha, et à égale distance
(5 milles) de ces deux cours d'eau [1]. Cette dernière indication
nous permet de déterminer exactement la position de la Mergo
de Léon l'Africain : le cours du Sbou et celui du Ouargha ne
sont séparés par une distance de 10 milles que sur deux
points : près de leur confluent, où M. Renou a placé Mergo
sur sa carte, et à 25 milles plus haut, dans le voisinage de la

---

[1] *Descr. Afr.* 398 : « Mergo in jugo
montis exstructum... Conditores nonnulli
Romanos fuisse arbitrantur quod in vetus-
tis ruderibus latinas reperiant litteras. Est
autem incolis non prorsus vacuum, verum
in ejusdem montis dorso aliud oppidulum
visitur... ex quo prospectus est in flumina Subu ad meridiem et Guargæ ad
septentrionem a quibus distat quinque
passuum millibus. »

koubba de Sidi Mergo. Ce dernier nom reproduisant exactement celui de la ville dont parle Léon, le doute ne me paraît
pas possible : Mergo devait être située sur la colline isolée que
domine aujourd'hui la koubba de Sidi Mohammed es-Snoussi
et qui se trouve précisément à 5 milles au sud du Ouargha et
à 5 milles au nord du Sbou. Sa position par rapport au
Zerhoun répondant d'ailleurs à celle que Ptolémée assigne à
Prisciana relativement au Diur, la ville romaine, dont les
ruines se voyaient encore à Mergo au xvie siècle, peut correspondre à la Prisciana de Méla qui aurait été située, dès lors, à
62 milles romains au sud-est d'Oppidum Novum et à 30 milles
au nord-est de Volubilis.

Il m'a été impossible, à mon grand regret, de visiter Sidi
Mohammed es-Snoussi dont la position m'a été indiquée par
mes guides, ainsi que celle de Sidi Mergo, du haut du pic du
Tselfat. Toute cette région montagneuse n'est guère plus sou-
mise que le Rif, auquel elle confine, et se trouvait alors en
pleine insurrection.

Pline indique à 40 milles de Lixus, dans l'intérieur, une
colonie d'Auguste, Babba, surnommée Julia Campestris, qui
figure également sous le nom de Βάϐα, au nord-nord-est de
Volubilis, parmi les πόλεις μεσόγειοι de Ptolémée. Étienne de
Byzance donne la forme Βαϐαί.

Si la distance donnée par Pline est exacte, Babba aurait été
située sur le Lixus, à 12 ou 15 milles à l'est d'Oppidum
Novum, probablement à Es-Serif, point où la route directe de
Tanger à Ouezzân traverse le Loukkos. La synonymie de Bani
Teoude, proposée par Mannert, est aussi inconciliable avec
l'indication numérique de Pline qu'avec la position assignée
par Ptolémée à Baba par rapport à Volubilis. La correspondance qu'on a voulu établir, d'autre part, entre Babba et la

Baba Kelam d'Édrisi ne repose que sur une méprise de Jaubert qui a lu *Baba Kelam* là où le texte arabe porte *Bab Aklam*.

J'ignore s'il existe quelques vestiges antiques à Es-Serif, dont le territoire appartient déjà à la région montagneuse qui s'est soustraite de fait à l'autorité du sultan et demeure, par conséquent, fermée aux explorations européennes.

Il est plus difficile encore, dans l'état actuel de nos connaissances géographiques, de déterminer la position des autres villes nommées par Ptolémée : Oppinon, Gontiana, Ouobrix, Herpis, Trisidis, Molochath, Benta ou Kenta, Galapha, Oïkath ou Thikath, Dorath, Bocanon Hemeron et Ouala.

Nous ne pensons pas qu'Oppinon soit identique, comme l'a supposé Mannert, à l'Oppidum Novum de l'*Itinéraire :* la liste des évêchés de la Tingitane, en effet, nomme un *episcopus Oppinensis* et un *episcopus Oppidonebensis :* ce dernier mot représentant, selon toute apparence, l'ethnique d'Oppidum Novum, les deux villes que Mannert a confondues formaient en réalité deux siéges épiscopaux distincts.

Il est assez probable, au contraire, que la Silda de Ptolémée est identique à la Gilda de l'*Itinéraire* et de Méla : la position que lui assigne le géographe alexandrin par rapport à Volubilis est précisément celle qu'occupe Gilda sur la voie de Tocolosida à Tingis.

Gontiana aurait été située entre Tocolosida et Sala, probablement sur les hauteurs qui dominent, au sud, le bassin du Sbou.

Ptolémée place par 9° 30′ de longitude et 30° de latitude une « plaine rouge », Πυρρὸν πεδίον. Mannert traduit ces deux mots par « plaine enflammée » et suppose qu'il s'agit de ces régions forestières dont les habitants, au dire de Léon l'Africain, étaient tous charbonniers. La désignation employée par

Ptolémée est l'équivalent exact des mots arabes Bahirt el-Hamra et désigne simplement la grande plaine aride et rougeâtre qui s'étend, à l'ouest de Maroc, entre l'Atlas et le Tensift. M. Vivien de Saint-Martin n'a pas tenu compte des notations de la Table ptoléméenne lorsqu'il place le Πυῤῥὸν πεδίον au sud de l'Oued Noun.

L'Anonyme de Ravenne nous fait connaître un certain nombre de noms géographiques sur lesquels se taisent tous les autres documents de l'antiquité.

La région que baignent le détroit et la Méditerranée est désignée par lui, comme nous l'avons déjà constaté, sous le nom de Mauritania Gaditana ou Abrida [1], par opposition à la Mauritania Egel [2], qui s'étendait du détroit au Sous, et à la Mauritania Perosis *vel* Salinarum [3], qui paraît correspondre à l'Oued Noun et au Sahara marocain.

L'Anonyme cite, en outre : Turbica, Septem venam [4] Gigantes, Boballica, Bada, Boniuricis, Gudda, Bati, Argenti, Barsuuli, Sidilium, Egelin, Lampica, Fons Asper, Nabia, Maura, Getuli, Selitha, Getuli Sofi, Getuli Dare, Turris Buconis, Paurisi, Perora [5].

La plupart de ces noms désignent évidemment des tribus ou des fractions de tribus : le géographe de Ravenne nous l'apprend lui-même en se servant du mot *civitates* [6].

Boniuricis représente sans doute les Baniuræ de Pline.

---

[1] Rav. Anonym. I, iii : «Cujus patriæ ad frontem multorum milliarium spatia, id est littus maris magni, Mauritania quæ dicitur Gaditana ponitur.»

[2] Rav. Anonym. I, iii : «Octava ut hora diei Mauritania dicitur Egel in qua patria juxta sinum Oceani sunt montes et ardere adscribuntur.» Cf. V, xxviii : «Iterum Mauros Egel usque quod superius nomi-

navimus fretum quod dicitur Septemgaditanum.»

[3] I, iii : «Septima ut hora diei Mauritania scribitur Perosis vel Salinarum.»

[4] III, ix.

[5] III, xi.

[6] *Ibid.* : «In qua Mauritania Gaditana plurimas fuisse civitates legimus, ex quibus aliquantas designare volumus.»

Egelin est vraisemblablement le pluriel libyen d'Egel, nom collectif donné aux populations indigènes de la Tingitane, de l'Atlas au détroit, et qui se retrouve peut-être dans celui d'Agla que portent plusieurs localités berbères du Maroc.

Les deux mots Getuli, Selitha doivent évidemment être réunis et désigneraient les Selatiti du Périple de Polybe cité par Pline. Les Getuli Dare sont les Gætuli Daræ du même document. Ces deux tribus avaient emprunté leur nom aux deux fleuves dont elles habitaient les rives, le Salat et le Darat (Oued Drâa). On peut rapprocher les Getuli Sofi des Souafa, Berbères du Souf.

Les Paurisi et les Perora sont évidemment les Pharusii et les Perorsi des anciens géographes.

Gudda n'est peut-être qu'une altération de Gilda.

Boballica se retrouve au livre V, ch. iv, sous la forme Bovalica. L'Anonyme semble la placer sur la Méditerranée, près du détroit, et évalue à 1015 milles la distance qui la séparait de la *civitas* Ubr, située elle-même dans le voisinage d'Hippo Regius, à 1038 milles de Quintiliana, sur la route de Sabrata à Leptis [1]. Cette double donnée numérique ne concorde pas avec les indications des routiers : de Rusaddir à Hippo Regius, l'*Itinéraire* compte 1244 milles, et Bobalica, dès lors, aurait été située dans la Maurétanie Césarienne. D'Hippo Regius à Leptis Major, d'autre part, le même document ne compte que 858 milles. La position de Bovalica ou Bobalica reste donc incertaine.

---

[1] V, iv : « Hic invenimus fretum quod dicitur Septegaditanum... quod multoties dictum fretum transiens homo circa litora maris magni, in Maurorum terra mox invenitur civitas quæ dicitur Bovalica... a civitate quæ dicitur Bovalica [usque civitatem quæ dicitur] Vbr, sunt civitates sexaginta et milliaria supputantur millia et quindecim. »

Ibid. V, v : « ... A civitate quæ dicitur Ubr, circa ipso litore maris, usque civitatem quæ dicitur Quintiliana, sunt civitates quinquaginta duo et supputantur milliaria mille triginta et octo. »

L'Anonyme de Ravenne cite quatre fleuves dans la Tingi-tane : la Turbulenta ou Davina [1], le Subulcus, l'Ubus et le Salensis.

Les trois derniers sont désignés comme appartenant à la Mauritania Gaditana [2] et représentent vraisemblablement le Loukkos (l'Aulucos de la Notice des dignités), le Sbou (Vbus pour Subur ou Subus) et le Bou Ragrag (le Sala de Pline).

Ptolémée ne nomme que trois montagnes principales dans la Tingitane : le Διούρ, par 8° 30′ de longitude et 30° de lati-tude, le Φόκρα par 10° et 29° 30′; et l'extrémité occidentale du Δούρδα ou Δούρδος par 15° et 29° 30′.

Le Diur est évidemment le double massif du Zerhoun et du Tselfat; le Phocra qui s'étendait jusqu'au promontoire Russa-dir [3] et dans lequel étaient situées Herpis et Molochath, se retrouve dans la chaîne qui domine la rive gauche de la Mo-louïa, l'antique Μολοχάθ, et s'étend effectivement de l'Atlas jusqu'au cap des Trois-Fourches. Le Dourda paraît corres-pondre à la portion de l'Atlas où la Molouïa prend sa source et à laquelle se rattache la chaîne du littoral de la Maurétanie Césarienne.

Les Montes Bracæ [4] ou Praxe [5], de l'Anonyme de Ravenne, sont la partie occidentale de l'Atlas, l'Ἄτλας μείζων de Ptolémée.

---

[1] III, IX : « Per quam patriam inter cætera transeunt flumina quæ dicitur Tur-bulenta, quam alii Daviniam appellant. »

[2] III, XI : « Per quam Gaditanam pro-vinciam plurima transeunt flumina, inter cætera quæ dicuntur, id est Subulcus, Ubus, Salensis.

[3] IV, 1 : Καὶ ἡ Φόκρα, ὄρος ἐκτεινόμε-νον ἀπὸ τοῦ ἐλάττονος Ἄτλαντος ἐπὶ τὸ Οὐσσάδιον ἢ [Ῥ]υσ[σ]άδι[ρ]ον ἄκρον ὅ ἐσ7ι παράλιον. — Le mot Ῥυσσάδιρον est cer-

tain, puisqu'il n'existe aucune chaîne de montagnes ni même de collines s'éten-dant du petit Atlas de Ptolémée au cap Sim.

[4] Raven. Anonym. I, III : « In qua pa-tria litus ipsius Oceani sunt montes qui appellantur Bracæ. »

[5] Id. III, X : « In qua patria juxta Ocea-num sunt montes excelsi qui appellantur Praxe. »

La Notice des dignités de l'Empire place sous les ordres du *comes Tingitaniæ*, chef militaire de la province, sept *limitanei*, commandant les postes destinés à garder la frontière :

1. Præfectus Alæ Herculeæ Tamuto.
2. Tribunus Cohortis secundæ Hispanorum Duga.
3. Tribunus Cohortis primæ Herculeæ Aulucos.
4. Tribunus Cohortis Ityræorum Castra Bariensi.
5. Tribunus Cohortis Pacatianensis Pacatiana.
6. Tribunus Cohortis tertiæ Asturum Tabernas.
7. Tribunus Cohortis Friglensis Frigla.

Tamuto, d'après une conjecture assez vraisemblable de Böcking, serait la Tamuda dont nous avons retrouvé l'emplacement à Tétouan.

Le poste de Duga est peut-être représenté par les ruines d'un castrum qu'on remarque sur la route de Tétouan à Tanger, à 5 heures 30 minutes de la première ville et 3 heures 30 minutes de la seconde, au sud-sud-est de Tsaïoufa. Ces ruines, appelées par les indigènes El-Beniân, « les constructions, » forment un parallélogramme de 230 pas du nord au sud, sur 190 de l'est à l'ouest. L'enceinte, construite en pierre de grand appareil, est flanquée de quatre tours carrées aux angles et de cinq tours intermédiaires : deux sur le flanc nord et une sur chacune des autres faces. Elle contient un réduit, également bâti en blocs de grande dimension, d'environ 50 pas sur 40. Une enceinte secondaire, d'une construction moins solide, paraît avoir existé sur le flanc méridional. Les vestiges très-effacés qu'on rencontre dans un certain rayon autour de ces ruines sont trop peu considérables pour représenter ceux d'un oppidum ou d'un bourg : El-Beniân était évidemment un poste militaire qui, en rattachant Tamuda au poste fortifié de Soueïr situé à la pointe d'Aïn Daliya, formait une ligne de défense qui représente encore aujourd'hui la limite des populations soumises des provinces d'Andjera et de Tanger, et des tribus à demi-indépendantes du Rif, de l'Ouad Ras et des Beni Mçouar.

Rien ne peut nous aider à déterminer l'emplacement de Pacatiana. Aulucos ou Ad Lucos, occupé par la première cohorte herculéenne, me paraît être Lixus : il est assez remarquable que le premier de ces deux noms soit presque identiquement celui qu'El-Bekri donne au fleuve qui baignait Lixus, Ouaoulokkos واولكس [1]; la variante Lucos reproduit non moins fidèlement le nom de Loukkos que porte aujourd'hui l'antique Lixos.

Le poste de Castra Bariensi ou, d'après une variante, Castrobanensi aurait été situé à Banasa, comme le suppose Böcking. Pancirole, Simler et Surita identifient à Frigidæ le poste de Friglas. Tabernæ, résidence de la troisième cohorte des Astures, se retrouvant d'ailleurs à Lella Djilaliya, entre Lixus et Zilis, les quatre derniers postes se seraient échelonnés sur la voie de Tingis à Sala : cette dernière ville, ou Ad Mercurios, aurait été la résidence du *limitaneus* dont le nom est omis dans la Notice. On pourrait conclure de cette répartition des forces militaires de la Tingitane que, dès le ve siècle, la ligne de défense avait été reportée de l'intérieur sur le littoral : on ne retrouve pas, en effet, dans l'énumération de la Notice, un seul nom qui puisse se rapporter à la série de stations indiquées par l'*Itinéraire* entre Tocolosida et Tingis.

---

[1] « Le mot *Ouaou*, dit M. de Slane, est berbère et signifie *lequel est.* » Le mot *Aulucos* pourrait donc avoir été formé dans les derniers temps de la domination romaine, par l'adjonction de cet élément indigène *Au* au nom proprement dit du fleuve, *Lucos*.

§ II.

POPULATIONS INDIGÈNES DE LA TINGITANE.

Les plus anciens documents grecs donnent le nom de Libyens, Λίβυες, à tous les peuples de race blanche de la Maurétanie par opposition aux Éthiopiens. Ce nom est remplacé plus tard par ceux de Maurusiens (Μαυρούσιοι) ou de Maures (Μαῦροι) que nous trouvons dans Strabon[1] et dans Pline[2]. Nous savons par le premier de ces deux auteurs que le nom de Mauri était employé par les indigènes eux-mêmes : on y a retrouvé avec vraisemblance le mot sémitique Ma'ourim, dont le nom arabe que portent aujourd'hui les populations marocaines, El-Gharaba, est la traduction exacte : « les gens de l'Occident. »

Pline ajoute que, décimées par les guerres, les tribus des Maures ne comptaient plus que quelques familles, et que la nation dominante était celle des Gétules, divisés en Baniuræ et en Autololes : une fraction de ces derniers, les Vesuni, s'était réfugiée dans le sud, près des Éthiopiens, et avait constitué une nation particulière[3].

Ptolémée nous donne une énumération complète des diverses peuplades maurétaniennes et indique en même temps leur situation respective. Le littoral du détroit, comprenant aujourd'hui les deux provinces d'Andjera et d'Haouz, est habité par

---

[1] XVII, III : Οἰκοῦσι δ'ἐνταῦθα Μαυρούσιοι μὲν ὑπὸ τῶν Ἑλλήνων λεγόμενοι, Μαῦροι δ'ὑπὸ τῶν Ῥωμαίων καὶ τῶν ἐπιχωρίων, λιβυκὸν ἔθνος μέγα καὶ εὔδαιμον.

[2] V, II : « Gentes in ea, quondam præcipua Maurorum, unde nomen, quos plerique Maurusios dixerunt. »

[3] V, II : « Attenuata bellis ad paucas recidit familias... Gætulæ nunc tenent gentes, Baniuræ, multoque validissimi Autololes : et horum pars quondam Vesuni, qui avulsi his propriam fecere gentem, versi ad Æthiopas. »

les Μεταγωνῖται; celui de la mer Ibérienne, c'est-à-dire le Rif,
par les Σοκόσσιοι, au-dessous desquels se placent les Οὐερουεῖς :
il existe encore aujourd'hui dans les contre-forts méridionaux
du Rif un district de *Ouargha*.

Au-dessous de la région métagonitique s'échelonnent, du
nord au sud, les Μάσικες, les Οὐέρβικαι ou Οὐέρβεικες, les Σα-
λίνσαι, les Καῦνοι, les *Cauni* de Fl. Cresconius Corippus; puis
les Βακουᾶται et les Μακανῖται que nous retrouvons dans l'*Itinéraire d'Antonin* sous le nom de *Baccavates* et de *Macenites
Barbari* [1].

Au-dessous des Μακανῖται se trouvent une autre fraction des
Οὐερουεῖς et les Οὐολουβίλιανοι qui habitaient le massif du
Zerhoun. Viennent ensuite les Ἰαγγαυκανοί ou Ἀγκαυκανοί et
les Νεκτίβηρές séparés par le Πυῤῥὸν πεδίον des Ζεύρησιοι et
des Βάνιοῦβαι, les *Baniuræ* de Pline; et enfin les Οὐακουᾶται
qui ne sont évidemment qu'une fraction des Βακουᾶται cités
plus haut.

La partie orientale de la Tingitane est habitée tout entière
par les Μαυρήνσιοι et une fraction des Ἑρπεδιτανοί dont la
capitale, Herpis, se trouvait dans le Phocra.

Æthicus donne aux Autololes de Pline le nom d'*Auloles* et
nous apprend qu'on les appelait, de son temps, *Galaudæ* [2].

Isidore de Séville, en reproduisant les indications géographiques d'Æthicus, ne rappelle pas l'identité des Autololes et
des Galaudæ qu'il nomme *Gaulales* [3].

Si fastidieuse que soit, au premier abord, cette longue énumération, elle n'en offre pas moins un très-grand intérêt au

---

[1] « A Tingi Mauretania, id est ubi Baccavates et Macenites Barbari morantur. »

[2] « Tingi Mauritania ultima est totius ...
ab occidente habet Atlantem montem; a
meridie gentes Autolum quas nunc Ga-
laudas vocant, usque ad Oceanum Hesperium contingentes. »

[3] Orig. XIV, v : « Mauritania Tingitana
... a meridie Gaulalum gentes usque ad
Oceanum Hesperium pererrantes. »

point de vue de l'ethnologie. Un certain nombre de noms de peuplades maurétaniennes se retrouvent dans les listes des tribus berbères que nous ont transmises les géographes arabes du moyen âge, ou existent encore aujourd'hui. Les *Baccuatæ*, les *Macenites*, les *Autololes*, les *Mazices*, sont certainement les Berghouata, les Miknaça, les Aït Hilala et les Amazigh du Maroc. Toutes ces tribus d'ailleurs appartiennent incontestablement à cette vieille race libyenne ou berbère que les premières migrations orientales ont déjà trouvée établie sur toute la côte septentrionale de l'Afrique, du littoral jusqu'au Sahara, et qui forme encore, tout particulièrement au Maroc, la masse principale de la population.

L'étude des questions si complexes que soulèvent les origines berbères nous entraînerait bien au delà des limites dans lesquelles doivent se renfermer nos recherches géographiques sur la Tingitane. Mais notre travail serait incomplet, même au point de vue restreint où nous nous sommes placé, si nous ne le terminions pas par quelques détails sur les monuments préhistoriques de cette partie de l'Afrique septentrionale. Ces renseignements peuvent offrir un certain intérêt au moment où la science s'efforce de reconstituer la géographie des premiers âges de l'humanité.

§ III.

ANTIQUITÉS PRÉHISTORIQUES.

Les cavernes et les « abris » sont probablement aussi riches au Maroc que partout ailleurs en monuments de cette période qu'on n'ose plus appeler « l'âge de pierre », puisqu'elle se déplace dans la série des siècles suivant le degré de civilisation des différentes races humaines. Le temps m'a manqué, jusqu'ici, pour faire des recherches spéciales à cet égard, mais

l'unique abri que j'aie fouillé, dans une falaise située un peu
au sud du cap Spartel, m'a fourni, presque à fleur de sol,
des fragments de silex et des pointes de flèche très-régulièrement taillés. On a découvert, il y a quelques années, non loin
de ce même point, une hache datant de l'époque de la pierre
polie.

J'ai rencontré d'ailleurs au Maroc des spécimens de tous les
monuments primitifs qu'on a retrouvés dans l'Algérie et la
régence de Tunis : dolmen, menhir, galgal et cromlech. Les
dolmens sont identiques, comme construction, à ceux de
Roknia, de Mazela et du Bou Merzoug : ils se composent de
quatre pierres brutes dressées de champ et recouvertes par une
grande dalle posée à plat. Les tombes mégalithiques du Maroc
ne diffèrent de celles qu'on a trouvées en si grand nombre
dans la province de Constantine que par leur forme : elles
présentent l'aspect, non pas d'un carré long, mais d'un trapèze
de 75 à 90 centimètres dans sa largeur moyenne. Le cadavre
y était déposé, replié sur lui-même, les genoux et les poings
ramenés sous le menton, dans une position qui rappelle celle
de l'enfant dans le sein de sa mère [1].

A l'exception d'une seule, toutes les tombes que j'ai observées
avaient été fouillées, à une date déjà ancienne, par des chercheurs de trésors; celle que j'ai pu ouvrir moi-même ne con-
tenait que des ossements réduits à l'état de pâte blanchâtre et
des fragments d'une poterie grossière faite d'une terre noirâtre
et mélangée de charbons.

Les monuments de cette espèce se trouvent, en général, par
groupes peu nombreux, sur le sommet des monticules naturels

---

[1] Des indigènes de Mediouna ont trouvé dans une des crevasses de la falaise du cap Spartel dont j'ai parlé plus haut, à quelques pas de l'abri que j'ai fouillé, un squelette qui se trouvait exactement dans cette position.

qui font relief au-dessus des plaines ondulées des environs de Tanger; il en existe à Hadjeriîn, à Dchar Ghoulmân, à Amriès, sur le col qui sépare le bassin de l'Oued bou Khalf de celui de l'Oued bou Ghaddou, sur le versant méridional de la colline d'Aïn Dâlia, enfin sur le plateau qui s'étend entre Tlata Riçana et Ksar el-Kebir. Je n'en ai pas remarqué au sud du Loukkos, mais il en existerait, d'après les indigènes, dans les montagnes des Beni Mtir, au sud de Meknès; au pied du grand Atlas, entre Demnat et Marrakech, et au Djebel Ourika; dans le Sous, à Mtougga, chez les Ida Ou Ziki et les Ida Ou Zal où ces monuments, appelés en berbère *siougrar* (pluriel d'*agrour*) sont attribués aux populations primitives du pays [1].

Le cromlech est plus rare et d'autant plus difficile à distinguer qu'on peut le confondre avec le *heuch*, encore en usage aujourd'hui comme enceinte sacrée, ou même comme enceinte funéraire dans de moindres proportions. Les deux seuls cromlechs qui m'ont paru se rattacher à l'époque mégalithique par la dimension des pierres qui les composent et par leurs proportions générales sont situés au nord-est d'Aïoun Zorak, entre Meknès et Fez. J'ai remarqué dans les montagnes de Haha, au pied du versant nord du grand Atlas, de très-anciennes tombes formées par six ou sept énormes blocs posés sur champ : mais par leur forme, qui rappelle celle d'un dolmen découvert, ces monuments funéraires se rattachent aux tombes mégalithiques dont j'ai parlé plus haut plutôt qu'aux cromlechs.

Les tumuli, galgals ou barrows, sont assez nombreux dans le nord du Maroc. J'en ai trouvé à Had el-Gharbiya, à quelques pas de l'enceinte romaine d'Ad Mercuri; entre Tlata Riçana et l'Oued el-Khaïmer, près de Ghadda; entre l'Oued Mkhazen et

---

[1] Cette énumération est empruntée aux renseignements qu'a bien voulu me communiquer M. le général Faidherbe.

l'Oued Ghourour, près du douar principal des Oulad Haddada ;
sur les hauteurs sablonneuses qui limitent au sud le bassin du
Loukkos, près de Ksar el-Kebir ; dans la vallée de l'Oued Ma
el-Berda ; sur les collines de Basra et de Had Kort et, enfin,
sur la grande terrasse sablonneuse qui domine au nord le
cours du Sbou, près de Bou Menkach.

Disposés le plus souvent par groupes de cinq ou six, ces
tumuli présentent l'aspect d'un monticule conique de dimensions très-variables. Leur hauteur, en général, ne dépasse pas
3 ou 4 mètres. Un des tumuli de Bou Menkach présente une
disposition particulière : haut de 5 à 6 mètres environ, et mesurant à la base 145 pas, il est entouré par un fossé circulaire
de 396 mètres, très-régulièrement tracé et offrant une largeur
de 4^m,80 sur une profondeur d'un mètre. L'intervalle entre le
fossé et la base du tumulus est de 50 pas.

Il existe à Mzôra, sur le plateau que traversait la voie romaine
de Tingis à Tocolosida, entre Ad Mercuri et Ad Novas, tout un
ensemble de monuments mégalithiques très-remarquables et
dont je n'ai pas trouvé d'autre spécimen au Maroc.

Ces monuments se composent d'un tumulus surbaissé de 6
à 7 mètres de hauteur sur une centaine de pas de circonférence, flanqué à l'ouest d'un groupe de menhirs dont le principal ne mesure pas moins de 6 mètres, et entouré à sa base,
sur les trois quarts de la circonférence, d'une ceinture de pierres
debout, d'un mètre de hauteur en moyenne. Il existe encore
une quarantaine de ces pierres qui étaient beaucoup plus nombreuses autrefois ; un voyageur anglais, sir Arthur Coppell de
Brooke, qui a vu le tumulus de Mzôra en 1831, avait compté
quatre-vingt-dix de ces blocs, séparés par une distance assez
régulière d'un yard. Il est donc probable que la circonférence
tout entière du barrow de Mzôra était bordée par ces pierres :

celles qui manquent ont été employées par les habitants du douar voisin de Mzôra à la construction de murailles de clôture.

Sur le côté méridional du tumulus on remarquait, à l'époque de la visite de Brooke, deux piliers arrondis, hauts d'un mètre, placés parallèlement de façon à former une sorte d'entrée. L'un de ces piliers était orné d'un dessin grossier, de date évidemment ancienne, formé par des traits entrecroisés : tout près de là, une des pierres coniques de l'enceinte portait une bordure semblable[1]. Je n'ai retrouvé ni l'une ni l'autre de ces pierres ornées.

Le menhir principal, ainsi que nous l'avons dit, a 6 mètres de hauteur : plus large qu'épais[2], il se termine par une pointe conique et a été évidemment dégrossi par la main de l'homme, comme les pierres fichées coniques qui l'entourent. Les indigènes le désignent sous le nom d'*El-Outed,* le piquet.

Le groupe que nous venons de décrire n'était que le centre d'un ensemble de monuments beaucoup plus considérable, car on remarque au nord et au sud-ouest du tumulus, sur une étendue de 400 à 500 pas, une cinquantaine de menhirs, couchés ou encore debout.

Les débris les plus remarquables forment un groupe séparé, à 80 pas environ au sud-ouest du tumulus. Ce second groupe se compose d'un monolithe couché et brisé dont les trois tronçons mesurent 4^m,20, 1^m,70 et 1 mètre, et d'une vingtaine d'autres fragments dont la longueur varie de 1 à 2 mètres.

---

[1] Arthur Coppell de Brooke, *Sketches in Spain and Morocco.* London, 1831. Tome II, p. 36.

[2] La largeur, mesurée sur la face orientale, est de 1^m,35. A peu près à hauteur d'homme, cette même face présente un trou circulaire, creusé en forme d'entonnoir et profond de 6 ou 7 centimètres. Il paraît avoir été agrandi sinon percé à une date récente. Les indigènes emploient parfois, comme remède, la poussière de certaines pierres.

A 54 pas au nord du tumulus, commence une autre série de pierres couchées ou debout : le premier groupe se compose d'une pierre fichée de 1^m,50 de hauteur et de six autres pierres couchées sur le sol : les deux plus grandes mesurent 2^m,70 et 3^m,30.

A 80 pas plus loin, dans la même direction, on rencontre un second groupe également composé d'un menhir conique incliné, de quatre pieds de haut, et de cinq pierres couchées.

Un troisième groupe, à 86 pas du second et toujours dans la direction du nord, se compose de quatre monolithes couchés.

Le douar de Mzôra couvrant de ses tentes, lors de mon passage, une partie du plateau, je n'ai pas pu reconnaître d'autres débris dont parle sir Arthur Brooke. Je reproduis cette partie de sa description :

« Près du menhir, à l'ouest, repose sur le sol un énorme monolithe oblong dont l'extrémité arrondie a été taillée de façon à représenter grossièrement la tête d'un homme couché. Ce bloc a 12 pieds de long, 2 pieds de hauteur au-dessus du sol dans la partie la plus élevée : la face supérieure a 18 pouces.

« A un quart de mille dans la même direction, et près du douar, se trouve un groupe de six pierres de moindres dimensions et toutes couchées, à l'exception de deux menhirs dont l'un, de forme cylindrique, a été brisé à sa partie supérieure. La plus remarquable de ces pierres est un grand monolithe, arrondi sur ses côtés, long de 15 pieds, large de 3 à la partie supérieure, sur laquelle on observe des séries de petits trous circulaires rangés par groupes de six, sept ou neuf et entourant un ou deux trous centraux. »

Le même voyageur, comparant les groupes monolithiques de Mzôra avec les monuments analogues de la Grande-Bretagne, constate leur entière similitude et exprime la conviction qu'ils appartiennent à la même époque s'ils ne sont pas

l'œuvre d'une même race. Ainsi le Rudstone, dans l'East-Ri-
ding du Yorkshire, reproduit exactement la forme de l'Outed.
Le temple d'Arbour Lows, dans le Derbyshire, consiste en
une enceinte de trente-six pierres qui, brisées et étendues sur
le sol aujourd'hui, ont dû affecter primitivement la forme de
piliers, unis deux à deux. Comme à Mzôra, l'enceinte présente
deux portes déterminées par deux piliers[1]. Le monument de
Catigern, sur le territoire d'Addington, dans le Kent, présente surtout une remarquable analogie avec celui de Mzôra :
les pierres, au nombre de vingt, forment une ellipse, et la plus
considérable est un menhir de 15 pieds de hauteur. A l'est et
à l'ouest, de grandes pierres debout figurent une double porte.
Le monument funéraire de New-Grange, près de Drogheda
dans le comté de Meath, consiste en une enceinte circulaire des-
sinée par de grandes pierres dressées et contiguë à un tumulus.
Quelques-unes de ces pierres portent des dessins analogues à
ceux qu'on observe sur certains blocs du groupe de Mzôra.

Il existe enfin, dans le nord du Maroc, et particulièrement
dans la province de Tanger, un certain nombre de localités
consacrées par une tradition religieuse, d'ailleurs très-vague :
ce sont en général des rochers isolés, situés près d'une source
ou offrant simplement un aspect particulier, une forme remarquable : les indigènes les marquent d'un signe tracé à la chaux
ou les blanchissent entièrement. Ces pierres sont, de leur part,
l'objet d'une sorte de culte superstitieux qu'ils sont fort embar-
rassés d'expliquer et qui se rattache, selon toute apparence, aux
traditions religieuses de la race primitive qui a élevé, dans le
nord de l'Afrique, les monuments que nous venons de décrire.

[1] Brooke suppose que le groupe de pierres fichées dont fait partie le menhir principal formait une porte. Sans contester la vraisemblance de cette conjecture, je dois dire que cette disposition n'est pas très-apparente dans l'état actuel des choses.

TABLEAU SYNOPTIQUE

DE LA NOMENCLATURE GRECQUE, ROMAINE, BERBÈRE ET ARABE

DES DIFFÉRENTES LOCALITÉS DE LA TINGITANE.

| NOMS ANTIQUES. | NOMS MODERNES | | ORTHOGRAPHE ARABE. |
	donnés PAR LES CARTES EUROPÉENNES.	INDIGÈNES.	
Μολοχάθ, Μαλούα, Μυ-LVCHA, MALVA.	Molouïa..........	Mlouïa...........	واد ملوية
AMILO fl...........	Oued Amlillou........	....	واد املّو
Μεταγώνιον, Μεταγω-νίτης ἄκρον.	Cap de l'Agua.......	Ras Sidi Bechir....	راس سيدى البشير
AD TRES INSVLAS.....	Îles Zafarines.......	Dja'feria...........	جعفرين
Ἄκρος, πόλις καὶ λιμήν. Ῥυσσάδειρον, RVSAD-DIR COLONIA.	Melilla...........	Mlila...........	مليلة
Δρίναυπα..........	Îlot d'Alboran......	....	"
PROMONTORIVM RVSAD-DIR. Σησ7ιαρία ἄκρα.	Cap des Trois-Four-ches.	Ras Herek.........	راس هرك
PROMONTORIVM CANNA-RVM.	Pointe d'Abdoun....	Ras Amentin b' Sidi Aïssa.	راس امنتين بـسيدى عيسى
AD SEX INSVLAS......	Baie d'Alhucemas....	El-Mzemma........	المزمة
PROMONTORIVM......	Pointe Bosicou......	Ras Bouzkour.......	راس بوزكور
PARIETINA..........	Anse d'Alcala.......	....	"
COBVCLA...........	Anse des Pêcheurs...	Mersa Ouringa.....	مرسى ورينكة
TÆNIA LONGA. Ταινία Λόγγα.	Anse des Peupliers...	Mersa Tiguiçast....	مرسى تڤساست
Ἄκρᾶθ.............	Pointe Omara.......	Ras Kaa' Asras......	راس قع اسراس
AD PROMONTORIVM BAR-BARI.	Anse Adelaou.......	Mersa Oued Laou...	مرسى واد لو
LAVD fl.	Rivière Adelaou.....	Oued Laou........	واد لَو
PROMONTORIVM BAR-BARI. Ὀλέασ7ρον ἄκρον.	Pointe Adelaou.....	Ras Makked.......	راس مڭّد
TAMVDA fl. Θαλοῦδα ποταμοῦ ἐκβολαί.	Rivière de Tétouan..	Oued Martin......	واد مرتين
TAMVDA OPPIDVM....	Tétouan...........	Tet'ouân..........	تطوان
AD AQVILAM MAIOREM. Ἴαγάθ.	....	Ras et-T'erf........	راس الطرف

NOMS ANTIQUES.	NOMS MODERNES		ORTHOGRAPHE ARABE.
	donnés PAR LES CARTES EUROPÉENNES.	INDIGÈNES.	
AD AQVILAM MINOREM. Φοίϐου ἄκρα.	Pointe de Castillejos..	Ras el-F'nidek'........	راس الفنداق
Ἀϐύλη σΊήλη........	Mont Acho.........	....	"
AD ABILEM.........	Ceuta............	Sebta............	سبتة
AD SEPTEM FRATRES..	....	Mersa Dennîl.......	مرسى دنّيل
Ἑπ7άδελφοι ὄρος.....	Les Sept-Frères.....	Djebel Belyounech...	جبل بليونش
PROMONTORIVM ALBVM.	Pointe Blanca......	....	"
Ἑξίλισσα..........		Belyounech........	بليونش
Ὁ Ἐλέφας..........	Mont aux Singes....	Djebel Mouça......	جبل موسى
"	Île del Peregil.....	Taoura...........	تورة
Οὐάλωνος ποταμοῦ ἐκϐολαί.	Rivière d'Alcazar....	Oued el-Ksar es-Sr'ir.	واد القصر الصغير
HERGVLEVM sive GADITANVM FRETVM.	Détroit de Gibraltar..	El-Boghâz.........	البوغاز
TINGIS...........	Tanger..........	T'andja..........	طنجة
ABRIDA..........	(Littoral du détroit de Ceuta à Tanger.)	Berr el-A'doua......	بَرّ العدوة
AMPELVSIA PROMONTORIVM. Κώτης ἄκρον.	Cap Spartel.......	Ras Achakkar......	راس اشقار
Κώτης κόλπος.......	....	....	"
Κηφησιὰς λίμνη.....	(Lagunes formées par le Mharhar et l'Oued el-Kharroub. L'estuaire porte le nom de Tahaddart.)	Tahaddart........	تهدّرت
Ποντίων τόπος καὶ πόλις.		Cherf el-A'kab.....	شرف العقاب
Ἑρμαία ἄκρα.......		Ras el-Kouas.......	راس القواس
Ἀνίδης ποταμὸς καὶ λίμνη.	(L'Ἀνίδης ποταμός est représenté par l'Oued Aiacha, le λίμνη par l'Oued el-Kouas, cours inférieur de l'Oued Aïacha.)	Oued el-Kouas. Oued Aïacha.	واد القواس - واد العياشة
ZILIA fl. Ζιλεία ποταμοῦ ἐκϐολαί.	....	Oued el-Halou......	واد الحلو
Ζῆλις. ZILIA. COLONIA IVLIA CONSTANTIA ZILIS.	Arzila............	Azila............	ازيلة

NOMS ANTIQUES.	NOMS MODERNES		ORTHOGRAPHE ARABE.
	donnés PAR LES CARTES EUROPÉENNES.	INDIGÈNES.	
Λίξος. LIXVS........	....	Tchemmich.......	تشميش
Λίξος ποταμός. LIXVS fl.	....	Oued Loukkos.....	واد لكّس
Πόλις Λιβύων.......	....	El-A'râïch........	العرايش
"	"	Gla.............	قلا
MVLELACHA........	....	Moula bou Selham...	مولى بو سلهام
"	(Lagune de Moula bou Selham.)	Ez-Zerga.........	الزرقة
"	"	Merdja Ras ed-Doura.	مرجة راس الضورة
Κράβις ποταμός. SV-BVR. Σούβουρ ποταμοῦ ἐκβολαί.	...........:	Sbou...........	واد سبو
Θυμιατηρία........	....	Mehdiya..........	مهدية
		Sla.............	سلا
SALA COLONIA......	....	Rbât'...........	رباط
		Chella..........	شلّة
SALA fl............	....	Oued Bou Ragrag...	واد بو رقرق
EXPLORATIO AD MER-CVRIOS.	....	Oued Yekkem......	واد يكّم
Δόουου ποταμοῦ ἐκβολαί.	....	Oued el-Melah'.....	واد الملاح
Ἄτλας ἐλάτ7ων ὄρος..	....	....	"
Κούσα ποταμοῦ ἐκβολαί.	....	Oued Merzek......	واد مرزوق
ANATIS, ASANA fl. Ἀσά-μα ποταμοῦ ἐκβολαί.	....	Oum er-Rbia'......	ام ربيع
PORTVS RVTVBIS. Ῥου-σίβις λιμήν.	Mazaghan.........	El-Djedida........	الجديدة
Διούρ ποταμοῦ ἐκβολαί.	....	D'aïa de Oualidiya...	ضاية الولدية
Σολόεις ἄκρα. PROMON-TORIVM SOLIS. Ἡλίου ὄρος.	Cap Cantin.......	Ras K'antin.......	راس قنتين
Μυσοκάρας λιμήν.	Safi.............	Asfi.............	اسفى
FVT fl. Φθοῦθ ποταμοῦ ἐκβολαί.	Tensift..........	Tensift..........	واد تنسفت
Ἡρακλέους ἄκρον....	Pointe Hadid.......	Ras el-Hadid......	راس الحديد

NOMS ANTIQUES.	NOMS MODERNES		ORTHOGRAPHE ARABE.
	donnés PAR LES CARTES EUROPÉENNES.	INDIGÈNES.	
Ταμούσιγα........	Mogador........	Souera...........	السويرة
Oὐάδδιον ἄκρον.....	Cap Sim ou d'Ossim..	Ras Tegrioualt........	راس تقريوالت
Σούριγα...........	Koubia (sur l'Oued Tidsi).	Koubia...........	قوبية
		Oued Tidsi........	واد تدسى
Oὔνα ποταμοῦ ἐκϐολαί.	....	Oued Tefetna.......	واد تفتنة
Ἄγνα ποταμοῦ ἐκϐολαί.	....	Oued Beni Tâmer...	واد بنى تامر
Σάλα ποταμοῦ ἐκϐολαί.	....	Oued Tamrak't....	واد تمرقة
Ἄτλας μείζων ὄρος. ATLAS. Δύρις.	Chaîne atlantique méridionale.	Djebel Daran.......	جبل درن
PORTVS RISARDIR.....	....	Agadir...........	اكدير
Σούσου ποταμοῦ ἐκϐολαί.	....	Oued Sous........	واد سوس
Μάσσα ποταμοῦ ἐκϐολαί. MASATAT fl.	....	Oued Massa.......	واد مسة
Νουίου ποταμοῦ ἐκϐολαί.	Oued Noun.......	Oued el-Ak'sa......	واد الاقصى
Λίξος ποταμός. (Hann.) Ξιῶν. (Scyl.) DARAT fl. (Pol.) Δαρδδου ἤ Δάραδος ποταμοῦ ἐκϐολαί. (Pt.)	Oued Draa.........	Oued Dara'a......	واد درعة
Μέγας λιμήν........	Porto Cansado......	....	‖
AD MERCVRI........	....	Debar Djedid.......	دشر الجديد
AD NOVAS..........	....	Sidi el-Yemâni......	سيدى اليمانى
TABERNÆ..........	....	Lella Djilaliya......	لاللّه الجلالية
FRIGIDÆ..........	....	Soueïr...........	سوير
COLONIA ÆLIA BANASA. Βάνασσα.	....	Sidi Ali bou Djenoun.	سيدى على البجنون
THAMVSIDA Θαμουσίδα.	....	Sidi Ali ben Ahmed..	سيدى على بى احد
OPPIDVM NOVVM. ...	....	Ksar el-Kebir......	القصر الكبير
COLONIA IVLIA BABBA CAMPESTRIS.	....	Es-Serif.........	السريف
TREMVLÆ..........	....	Bas'ra...........	البصرة
VIPOSCIANÆ........	....	Djebel Kort.......	جبل كرط
GILDA...........	‖	‖	‖

Maurétanie Tingitane.

24

| NOMS ANTIQUES. | NOMS MODERNES | | ORTHOGRAPHE ARABE. |
	donnés PAR LES CARTES EUROPÉENNES.	INDIGÈNES.	
Aqvæ Dacicæ.......	....	Aïn el-Kibrit........	عين الكبريت
Volvbilis.	....	Ksar Faráoun........	قصر فرعون
Tocolosida. Τοχολό-σιδα.	"	"	"
Διούρ ὄρος.........	....	Djebel Zerhoun......	جبل زرهون
"	"	Djebel Tselfat.......	جبل سلفات
"		Oued Ouargha......	واد ورغة
Πυῤῥὸν πεδίον......	Plaine de Maroc....	"	"

IBERICVM MARE
MÉDITERRANÉE
Bḥar er Roum

OCEANVS ATLANTICVS vice MARE EXTERNVM
OCÉAN ATLANTIQUE
Bḥar el Mḥiṭ

GADITANVM FRETVM
Détroit de Gibraltar
El Boghaz

CARTE
POUR SERVIR À L'INTELLIGENCE DE LA GÉOGRAPHIE COMPARÉE
DE
LA MAURÉTANIE TINGITANE
DRESSÉE
PAR M. CHARLES TISSOT
Ministre plénipotentiaire de France au Maroc
1876

ÉCHELLES

CARTE DE LA CÔTE SEPTENTRIONALE DE LA MAURÉTANIE TINGITANE DE TAMUDA À TINGIS.

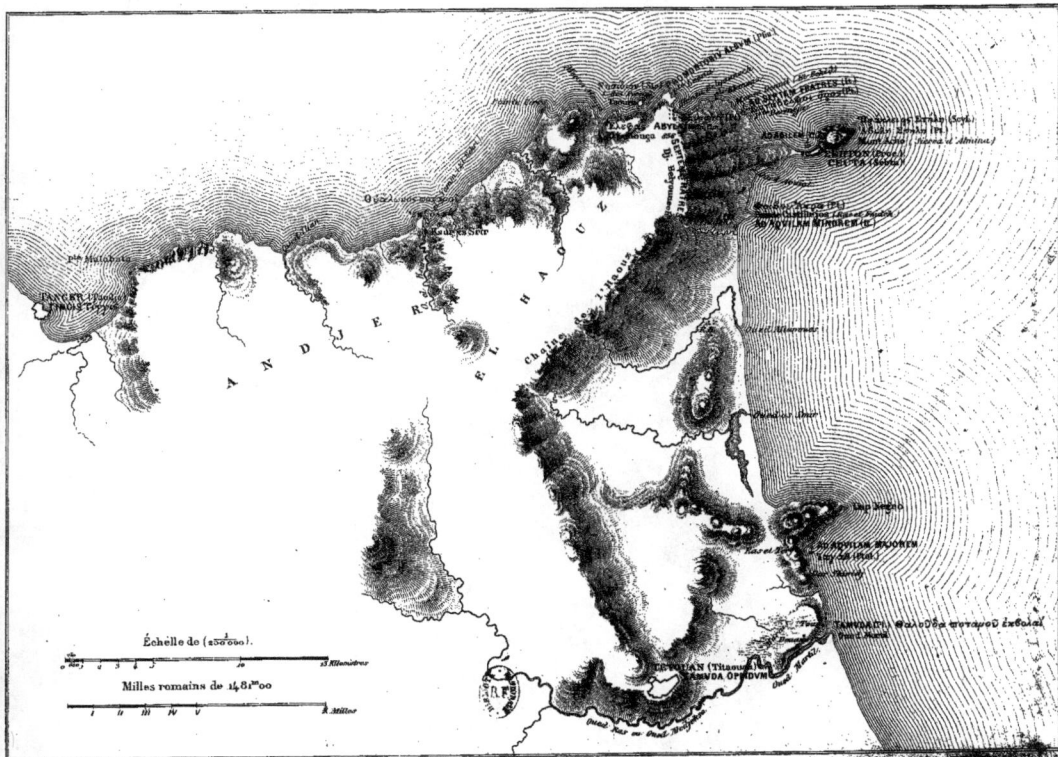

Pl. II.

Échelle de ($\frac{1}{250000}$).

Milles romains de 1481m00

R. Miller

ESQUISSE TOPOGRAPHIQUE
de la région comprise entre le cap Spartel et Azila.

PL. III.

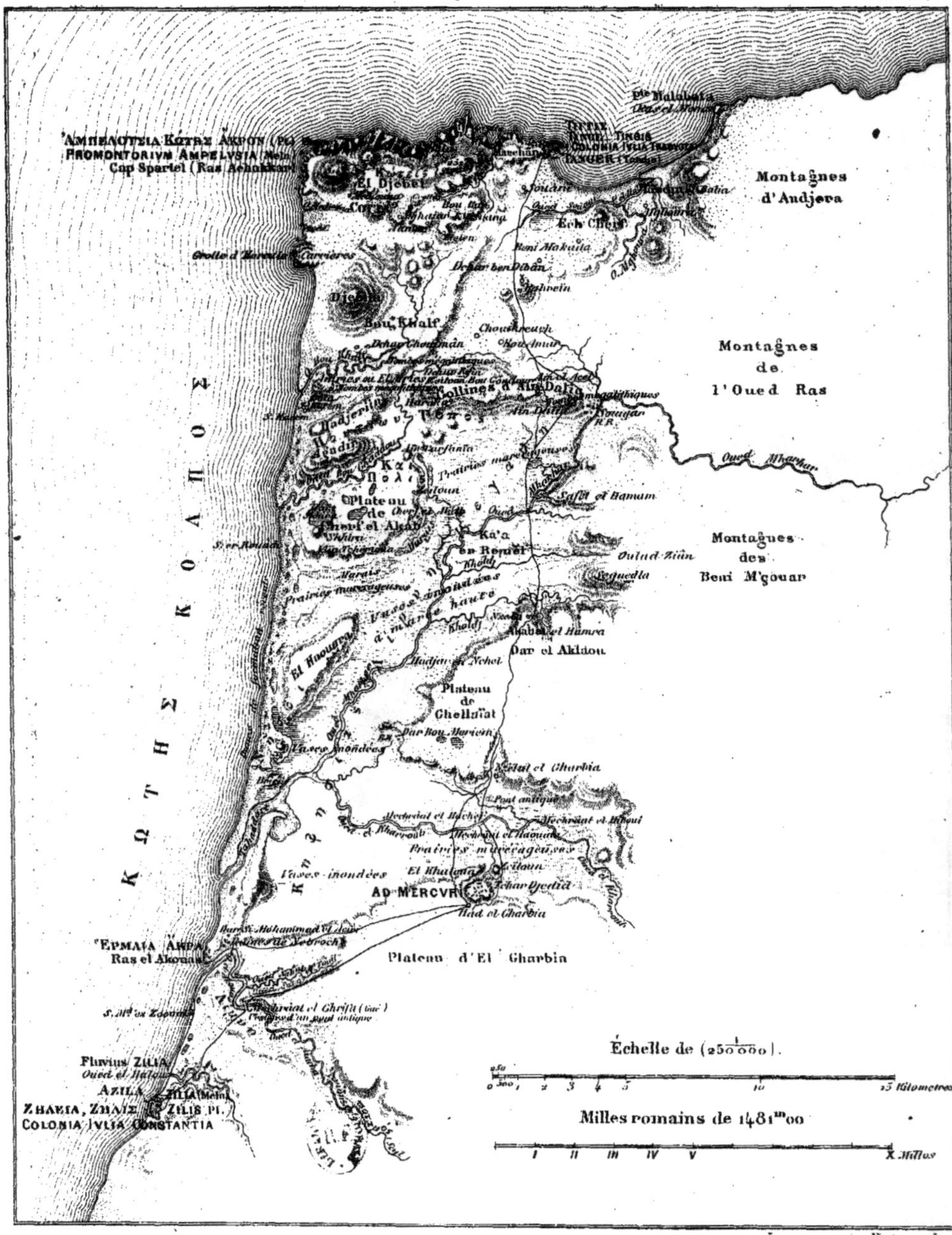

Échelle de ($\frac{1}{250000}$).

Milles romains de 1481ᵐ00

Fig. 1. MURS PHÉNICIENS DE LIXUS.

RUINES DE LIXUS (El-Kantara).

A Face S.E. de la plate-forme.— B. Couloir. — CCC Prolongement de la plate-forme.

Fig. 2. MURS PHÉNICIENS ET ROMAINS DE LIXUS.

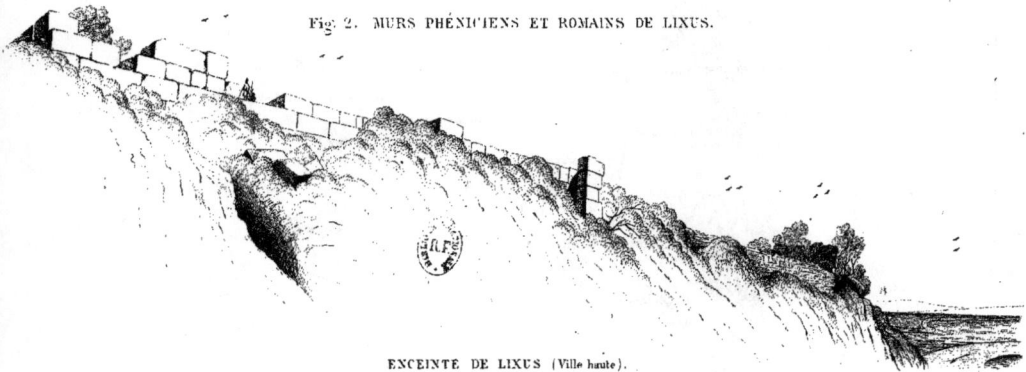

ENCEINTE DE LIXUS (Ville haute).
Front O.N.O.

Murs phéniciens.   Murs romains.   Cours du Loukkos.

Imprimerie Nationale.

LES VOIES ROMAINES DE LA MAURÉTANIE TINGITANE.

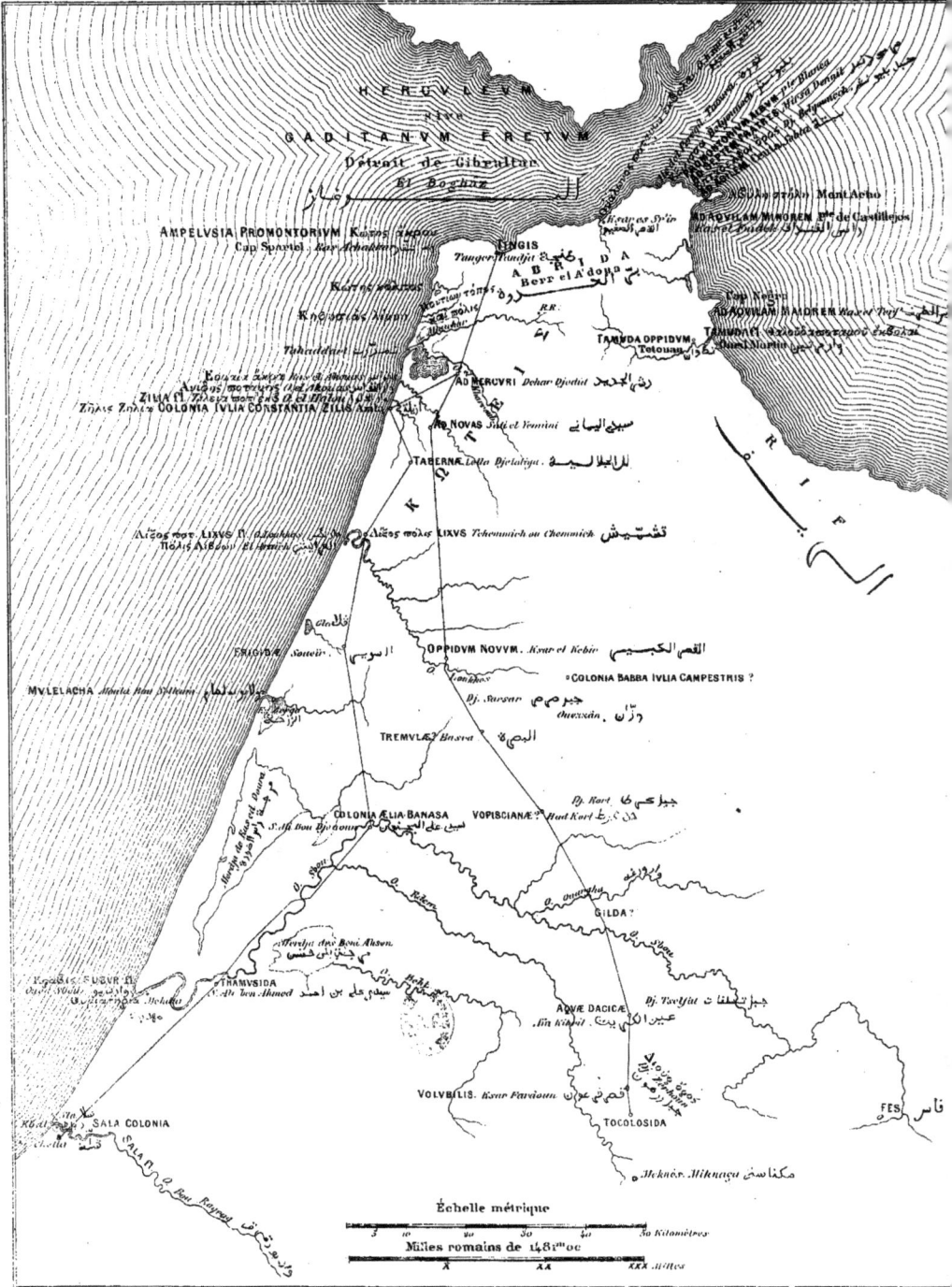

HERCVLEVM

GADITANVM FRETVM

Détroit de Gibraltar

El Boghaz

AMPELVSIA PROMONTORIVM *Kωτης ακρον*
Cap Spartel   Ras Achakar

Kωθ αψιδος Λιμην

Kηθ αψιδος Λιμην

Tahaddart

Eπωικα Ζηλις Iulia et Mauro et
Aυγος μογγιγιι Iul Mauri et et
Ζηλις Ζηλις COLONIA IVLIA CONSTANTIA ZILIA

Λιξος τοτ LIXVS IV *ταζαλιον*
Πολις ΛΙΒΩτι El Araich

FRIGIDÆ *Souteir*

MVLELACHA *Moula Bou Silham*

TREMVLÆ? *Basra*

COLONIA ÆLIA BANASA
S. Ali Bou Djemaa

Harscha des Beni Absen

Kργχβις SVBVR II.
Ouad Sebû
Dschera

TRAMVSIDA
S. Ali ben Ahmed

VOLVBILIS. *Ksar Faraoun*

Kbal SALA COLONIA
Chella

DINGIS
Tanger Thandjit
Berr el A'doua

ABRIDA

Ksar es Srir

AD MERCVRI *Dchar Djedid*

AD NOVAS *Sidi el Yemani*

TABERNA *Lalla Djelalia*

Λιξος πολις LIXVS *Tchemmich ou Chemmich*

OPPIDVM NOVVM. *Ksar el Kebir*

COLONIA BABBA IVLIA CAMPESTRIS ?

Dj. Sarsar

Ouexxân

VOPISCIANÆ ?   Dj. Kart
Had Kart

GILDA ?

AQVÆ DACICÆ   Dj. Tselfât
Ain Kbird

TOCOLOSIDA

Meknès. Miknaça

NAVGÆ ακρον Mont Arho

AD AQVILAM MINOREM P.ᵗᵉ de Castillejos

TAMVDA OPPIDVM
Tetouan

AD AQVILAM MAIOREM *Ras es Teuf*
Sidi Martin

Cap Negro

FES
fâs

RIF

Échelle métrique

Milles romains de 1481ᵐ ᵒᶜ

Fig. 1.   Fig. 2.

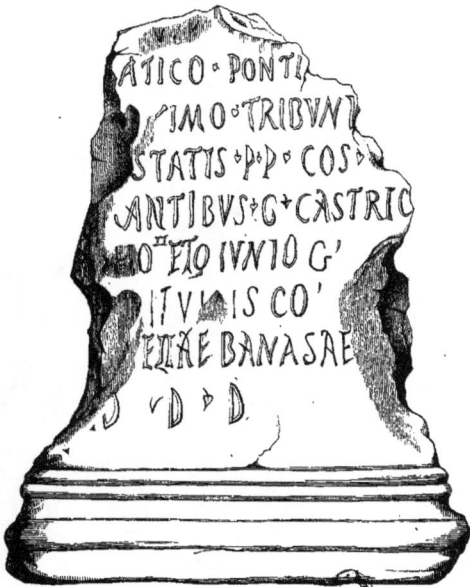

ATICO · PONTI
IMO · TRIBVN
STATIS · P · P · COS
ANTIBVS · C · CASTRIC
IO · ETO IVNIO G·
ITVIIS CO'
EIAE BANASAE
D · D

INSCRIPTION DE BANASA.

Q · CAECILIO Q FILIO
DOMITIANO CLAVDIA
VOLVBILITANO DECV
RIONI MVNICIPII
VOLVBILITANIAN
NORVM X Q CAE
CILIVSS AGRA
CILISIICI
ANTONIA
I I IIOIII
. . . I . . V . . . .

INSCRIPTION FUNÉRAIRE DE Q. CAECILIUS DOMITIANUS.